KB122163

장기려
리더십

장기려 리더십

**가난한 사람도
치료받을 수 있는
나라로 이끈
변혁적 리더**

김은식 지음

나무야
Namuyaa Publisher

송도 앞바다를 바라보면서

장기려

수도꼭지엔 언제나 시원한 물이 나온다.
지난겨울엔 연탄이 떨어지지 않았다.
쌀독에 쌀을 걱정하지 않는다.
나는 오늘도 세끼 밥을 먹었다.

사랑하는 부모님이 계신다.
언제나 그리운 이가 있다.
고양이 한 마리 정도는 더 키울 수 있다.
그놈이 새끼를 낳아도 걱정할 일이 못된다.

보고 듣고 말함에 불편함이 없다.
슬픔에 울고 기쁨에 웃을 수 있다.
사진첩에 추억이 있다.
거울 속의 내 모습이 그리 밉지만은 않다.

기쁠 때 볼 사람이 있다.
슬플 때 볼 바다가 있다.
밤하늘에 별이 있다.
그리고…… 세상에 사랑이 있다.

가난하고 병든 이웃만을
생각하는 마음

장여구

인제대학교 서울백병원 외과 교수

블루크로스 의료봉사단 단장

'코로나19'라는 바이러스로 인해 전 국민이 고통받고 있는 요즘 세계사적 위기에 대처하는 방법과 결과에 따라 전 세계 지도자들의 리더십이 평가받고 있다. 리더십은 각자 자기가 받은 교육, 사회의 생활양식이나 환경에 따라서 달라진다고 생각되며 리더십의 평가는 좋은 상황보다는 어렵고 힘든 상황일 때 명확하게 갈린다고 생각된다.

많은 분들은 나의 조부님을 일컬어 '한국의 슈바이처' '바보의사' '살아있는 성자' 등으로 말씀하신다. 이런 표현들은 아마도 경성의전 입학시험을 앞두고 '만약 제가 의사가 된다면 단 한 번도 의사를 만나보지 못한 가난하고 병든 자들을 위해 평생을 보내겠다'고 한 하나님과의 약속을 지키기 위해, 그리고 북에 남아있는 가족들을 항상 걱정하는 마음으로 '내가 이곳에서 아픈 사람들을 도와주고 치료해 주면 누군가가 북에 남아있는 가족을 도와주어서 그들이 좀 더 편안한 생활을 할수 있을 것'이라는 믿음으로 하루하루 열심히 진료와 봉사 활동을 하면서 살아오신 결과물이라고 생각한다.

환자 진료 이외에는 별다른 관심이 없으신 분이 고신대학교 복음병원 그리고 청십자병원 경영과 청십자의료보험조합운영을 성공적으로 하신 바탕에는, 손자의 입장에서 생각해보면 '섬김의 리더십'을 가지고 활동을 하신 것 같다. 조부님의 그러한 삶의 자세는 한국전쟁이라는 역사적 및 시대적 환경과 '힘들고 어려운 일이 있어도 그 방법이 옳다면 하나님이 도와주실 것'이라는, 마음속 깊이 자리잡고 있는 기독교 정신으로 가난하고 병든 이웃만을 생각하는 마음으로 살아오면서 이루어진 것으로 생각된다.

한 조직이 정상적으로 움직이며 가장 큰 효과를 내려면 여러 톱니바퀴가 일정한 크기와 속도로 잘 맞물려 돌아가야 하는 것처럼, 아마도 세상물정을 잘 모르는 조부님과 함께 일하신 의료진들은 남들보다 적은 월급으로, 또한 행정을 담당하신 분들은 경영의 어려움을 제대로 표현하지도 못하면서 다른 분들보다 더 많이 일하고 더 많은 희생을 감내했을 것이다.

'요즘 시대에 조부님이 과거에 했던 방식으로 병원 경영과 조합 운영을 할 수 있을까?'라는 질문을 스스로 해본다. '지금처럼 개인주의가 팽배한 시대에 사람들이 자기의 모든 것을 희생하면서까지 내가 아닌 남을 도울 수 있을까?'라고 반문하게 된다. 하지만 모두가 어려운 시대임에도 작고 보잘것없는 힘이나마 내어 이웃과 나누던 시절과 비교하여 모든 것이 풍족해진 현대 사회는 아무래도 그런 마음이 부족한 듯 느껴질 때가 많다.

'진정한 리더십은 무엇인가?'라고 누군가 질문을 한다면, 서로의 생각이 다르듯이 너무나 다양한 리더십이 조직 사회를 좋은 방향으로 이끌 수 있다고 답할 것이다. 그런 의미에서 이 책 『장기려 리더십』을 통해 여러분의 생각을 한번쯤 정리해 보는 시간을 갖는 것도 나쁘지 않을 것 같다. 또한 젊은이들은 이 책을 읽으면서 훗날 어떤 리더십을 가지고 사회생활을 할지 상상해 보는 것도 좋을 듯하다.

이 책의 출간을 위해 애써 주신 저자와 출판사 관계자 여러분께 가족을 대표해서 감사드린다.

차례

1. 성자와 리더

2006년 봄, 장기려 선생님에 관한 책을 낸 적이 있다. 사실 그 이전까지는 훌륭한 일을 한 의사라는 것까지는 어렴풋이 알고 있었지만, 자세히는 모르던 분이었다. 그래서 출판사의 제안을 받은 뒤에야 그분에 관한 책을 찾아 읽었고, 몇 차례 부산에 내려가서 장기려 선생님의 행적을 따라다니며 자료를 모았다. 그리고 동료와 제자로서, 의사와 간호사로서, 혹은 병원과 의료보험조합의 실무자로서 장기려 선생님과 함께 일했던 분들을 찾아뵙고 말씀을 들었다. 그렇게 몇 달을 매달린 끝에 간신히 '장기려'라는 사람의 삶에 대한 윤곽을 그릴 수 있었다. 감사하게도 그렇게 완성한 책은 그 뒤로 20쇄 이상을 찍어내며 많은 이들에게 읽히기도 했다. 물론 글이 아니라 글에 담긴 사람의 향기 덕분이었다.

　장기려라는 사람을 알아가는 일은, 처음엔 감동이었고 다음엔 놀라움이었다가 어느 순간부터는 괴로워지는 과정이었

13

다. 환자의 고통을 진심으로 함께 아파한 의사로서의 삶은 감동이었고, 충분히 그 모든 것을 가질 수 있었던 자리에서도 돈과 권력을 향한 욕구에 휘둘리지 않은 행로는 놀라웠다. 그리고 헐벗은 이를 만날 때마다 옷 두 벌 가진 것을 미안해하고 배고픈 이를 만날 때마다 하루 세 끼 챙겨먹는 것을 부끄럽게 생각했던, 치열하다 못해 집요한 선의와 성찰은 아무리 외면해도 나의 삶을 비추어 돌아보게 만들며 괴롭혔다.

그렇게 지켜보는 이를 괴롭게 만들 만큼 이기적인 마음과는 거리가 멀었던 사람을 설명하는 가장 흔하고 쉬운 방법이 아마도 '성자'라는 타이틀을 걸어두는 것일 것이다. 내가 장기려 선생님에 대해 쓴 책의 제목에도 어김없이 '성자'라는 단어가 들어가 있다. (『장기려, 우리 곁에 살다 간 성자』, 봄나무) 그 성자라는 말에 '인지상정'이라고 하는, 보통 사람의 상식적인 생각과 정서의 테두리 밖에서 살아간 너무나 위대한 사람에 대한 칭송의 의미를 담은 것은 분명하다. 하지만 행여 그만큼 따라가지 못하더라도 비난받거나 자책할 필요는 없는, 전혀 다른 차원의 삶이라고 선 긋고 적당히 돌아서 지나가려는 면피용 치레라는 점도 부정할 수는 없을 것이다.

그런데 그로부터 십수 년이 지난 뒤, 당시 책을 쓰기 위해 찾아뵙고 인터뷰하며 녹음해두었던 장기려 선생님 주변 분들의 말씀을 다시 꺼내들을 기회가 생겼다. 이번에는 한국 의료보험제도의 역사에 관한 논문을 한 편 쓰기 위해서였다.

한국은 전쟁으로 폐허가 된, 세계에서 가장 가난했던 나라에서 출발하여 가장 빠른 속도로 경제를 성장시키는 데 성공했다. 그래서 불과 50여 년 만에 세계 11위의 경제대국으로 올라서는 기적을 만들었다. 하지만 성장에 몰두하느라 충분히 분배할 기회를 만들어가지 못했으며, 따라서 복지제도의 발전은 주요 선진국들에 비해 한참 뒤쳐진 것으로 평가받는다. 그럼에도 불구하고 그중에서도 의료복지만큼은 꽤 선진적이라는 점에서 예외인데, 그럴 수 있었던 이유를 설명하기 위해 장기려 선생님이 시작했던 민간 의료보험조합의 역사를 되짚어볼 필요가 있었다. 내가 장기려 선생님에 대해 듣기 위해 찾아뵀던 분들은 동시에 정부가 공공 의료보험제도를 수립하고 확대하는 데 큰 자극과 영향을 미쳤던 청십자의료보험조합과 그 지정병원이었던 복음병원, 청십자병원을 이끌어간 주역들이었기 때문이다. 물론 그분들은 이제 대부분 돌아가셨거나, 내가 찾아뵀을 때처럼 생생한 기억을 또렷한 목소리로 들려줄 수 없게 되어버리고 말았다. 따라서 내가 녹음해두었던 그분들의 음성 파일은 굉장히 소중한 자료일 수밖에 없었다.

그런데 그 녹음 파일을 다시 들으면서 그려지는 장기려 선생님의 모습은, 십수 년 전 책을 쓸 때 떠올렸던 것과는 다른 것이었다. 그것은 여전히 '성자'라는 이름이 부족하지 않은 위대한 삶이었지만, 동시에 후대의 사람들이 도저히 따를 수 없는 예외적이고 돌출적인 별종의 모습은 아니었다. 물론 그

치열하고 집요한 선의와 성찰과 실천은 누구도 쉽게 따를 수 없는 것이라고 여전히 생각하지만, 그런 선한 목적을 이루기 위해 그가 선택했던 방법이 '장기려가 아니면 불가능한' 방법은 아니었다는 사실을 발견했던 것이다.

흔히 떠올리는 '성자'의 모습이란, 아마도 세상 모든 사람의 외면과 핍박 속에서도 홀로 고난의 길을 걸어가는 이의 뒷모습 같은 것일 것이다. 하지만 장기려 선생님은 그런 점에서 '여느 성자들'과는 조금 달랐다. 그는 사실 혼자 일하는 법이 없었기 때문이다. 그는 불쌍한 이웃을 지나치는 법이 없었고, 가장 먼저 그들과 함께 눈물을 흘렸다. 하지만 그것으로 끝나지 않고 그들을 도울 현실적인 방법을 궁리했고, 그 눈물과 고민을 또 다른 이들과 나누었으며, 그들로부터 지혜와 힘을 빌려 새로운 일을 벌이곤 했다. 그러다보면 장기려의 주변에서 그에게 감동하고, 놀라고, 괴로워하던 이들이 하나 둘 모여 어느 만큼의 능력과 노력과 희생을 보태곤 했다. 그리고 그것이 이런저런 봉사모임이 되기도 하고 병원이 되기도 하고 의료보험조합이 되기도 했던 것이다.

그래서 나는 한국 의료복지제도의 예외적인 발전을 이끌었던 핵심 역할을 청십자의료보험조합에서 찾고, 그 설립과 발전을 가능하게 했던 주요한 힘을 장기려라는 인물의 리더십에서 찾는 논문을 썼다. 특히 장기려의 리더십은 추종자들에게 무언가를 강요하거나 혹은 어떤 보상을 약속해줌으로써 이끄는 방식과는 달리 함께하는 이들의 선한 의지와 상호작용하며 서로 확장되어가는 독특한 형태의 것이었다는 주장을 담은 논문이었다. 그 논문은 2019년 6월에 루마니아의 부쿠레쉬티대학에서 열린 세계적인 사회적 경제 관련 국제학술단체인 'CIRIEC(International Centre of Research and Information on the Public, Social and Cooperative Economy : 공공 경제, 사회적 경제 및 협동조합 경제에 관한 국제연구정보센터)'의 정기학술회의에서 발표되어 여러 나라에서 온 학자들의 관심을 모으기도 했다. 이 책은 그 논문의 주제와 핵심적인 내용들을 다시 다듬고 보완해서 엮은 것이다.

이 책의 원고를 마무리하고 있는 2020년 3월 말 현재, 세계는 '코로나 19'라는 새로운 유형의 바이러스 앞에서 처절하게 무너져내리고 있다. 아직 백신을 만들어내지 못한 인간은 하루에도 수만 명씩 그 바이러스에 전염되고 있고, 그중 수천 명이 목숨을 잃고 있다. 그래서 수십억 명이 공포에 질린 채 집 안에 갇혀 있으며, 학교와 공장이 문을 닫고 올림픽을 비롯한 모든 스포츠 경기와 문화행사들이 취소되고 있다. 현대 문명이 자랑하던 경제와 문화가 모두 멈추어 서고 있다.

그 와중에 우리를 더욱 당황하게 만드는 것은 세계에서 가장 강하고 부유하고 발전했다는 미국과 유럽의 여러 선진국들이 지금 보여주는 모습들이다. 그 나라들에서 의사들은 진단시약과 마스크 한 장이 부족해 쩔쩔매고 시민들은 상점 진열대에 놓인 화장지 한 다발을 차지하기 위해 난투극을 벌이고 있다. 사태가 여기에 이르고서야 뒤늦게 각 나라의 지도자들은 수천조 원에 달하는 돈을 쏟아부어 세상을 구해보려 하지만, 이 시간까지는 아직 희망이 보이지 않는다. 사람의 생명과 건강을 지키는 의료가 하나의 돈벌이에 지나지 않게 되었을 때 그것은 아무런 힘도 쓸 수 없게 되어버린다는 사실을 우리는 현실에서 목격하고 있다. 빵을 돈으로 바꿀 수는 있지만, 모든 빵이 돈이 되어버린 다음에 돈을 먹고 살 수는 없는 것처럼 말이다.

　　매일 이어지는 비극적이고 두려운 소식들 속에서 나 역시 집 안에 스스로를 가둔 채 이 책을 마무리하는 일은 묘한 감상에 젖게 한다. 세계에서 유일하게 이 신종 바이러스와의 싸움에서 조금씩 승리하며 희망을 만들어가고 있는 나라 한국에서, 아무리 가난한 사람이라도 아플 때는 치료받을 수 있도록 하기 위해 평생을 바쳤던 의사의 이야기를, 그의 노력이 씨앗이 되고 거름이 되어 꽃을 피운 의료보험제도의 소중함이 가장 찬란하게 빛나는 것을 지켜보면서 써나가는 일이기 때문이다.

　　건강이 돈의 대가일 수 없다는 장기려 선생님의 신념이 오늘의 한국인들을 구원하고 있다. 그것은 그 한 사람의 꿈이나 신념에 그치지 않았기 때문이며, 또한 그 한 사람의 무모한 실천에 머물지도 않았기 때문이다. 그는 신념을 이루기 위해 조직을 만들었고, 사람들을 모았으며, 그 사람들 안의 선한 의지들을 끌어내 더 큰 신념과 행동으로 키워냈다. 그것이 그가 '성자'라 불리는 다른 많은 이들과 다른 점이었다.

이 책은 장기려라는 사람의 삶에서 감동이 아니라 그보다 힘이 센 희망을, 그리고 그것을 이어가고 키워갈 현실적인 영감을 이끌어내기 위해 지어졌다. 그것이 또 다른 선한 의지를 품고 있는 이들에게 온전히 전달되기를 간절히 바랄 뿐이다.

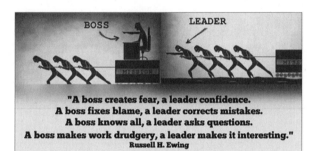

2. 거래적 리더십과 변혁적 리더십

요 몇 년 사이 트위터나 페이스북 같은 sns에서 많은 사람들이 꾸준히 공유하고 있는 그림 한 장이 있다. 사람들이 끌고 있는 거대한 돌덩이 위에 올라앉아서 명령하는 '보스'와 그 돌덩이를 맨 앞에서 이끌며 방향을 제시하는 '리더'의 차이를 표현한 것이다. 그 그림 아래에는 이런 글귀가 적혀있다. "보스는 공포를 만들지만 리더는 신뢰를 만든다. 보스는 화를 내지만 리더는 실수를 바로잡는다. 보스는 모든 것을 알지만 리더는 질문을 한다. 보스는 일을 단순하게 만들지만 리더는 일을 재미있게 만든다." 미국의 유명한 방송인 러셀 유잉이 했던 말이다.

사람들은 보스가 아닌 리더를 원한다. 즉, 우리 위에서 군림하는 자가 아니라 우리를 이끌어주는 이를 원한다. 그것은 오늘날 많은 사람들이 자신의 자유와 결정권을 남에게 빼앗기고 싶지는 않지만, 동시에 모든 것을 각자 알아서 해나갈 수는 없다는 것도 잘 알기 때문이다. 그리고 힘을 합쳐야만 이룰 수 있는 일이 있다는 것은 알지만, 누군가의 이익을 위해 이용당하고 싶지는 않기 때문이다.

하지만 이끌어가는 자(리더)와 군림하는 자(보스)를 뚜렷이 구분한다는 것은 사실 쉽지 않은 일이다. 많은 사람들이 저 그림과 글에 관심을 가지는 것도, 역설적이지만 실제로 구분하기 어려운 것을 간단히 구분해서 표현했기 때문이다. 하지만 구분이 쉬운 것은 추상적인 개념일 때뿐이고, 현실은 그렇지 못한 경우가 더 많다.

우리가 흔히 '리더'의 대표적인 사례로 떠올리는 이들은 누구일까? 아마도 대개 군대를 이끌고 전쟁에서 큰 승리를 거둔 장군이거나 국가를 위기에서 구해낸 뒤 번영으로 이끈 정치인, 아니면 거대한 기업을 진두지휘하며 전설적인 업적을 만든 경영인들일 것이다. 그 세 가지 범주를 벗어난 리더의 예를 떠올리는 것은 아마도 그리 쉽지 않을 것이다.

그리고 다시 생각해보면 역사 속에 실재한 훌륭한 장군, 정치인, 경영인은 대부분 옳은 방향을 제시하고 앞장서서 싸운 리더인 동시에 수많은 '부하'들의 수고와 희생 위에서 부와 명예를 누린 '보스'들이기도 하다. 저 그림과 글의 키워드를 '보스와 리더'에서 '현명한 보스와 아둔한 보스'라고 바꾼다고 해도 사실 이상할 것은 별로 없다. 현명한 보스라면 앞장서서 이끌어가는 일의 중요성을 알 것이고, 아둔한 보스라면 그 성과를 누리는 즐거움밖에는 모를 것이기 때문이다. 그렇다면 우리가 현실적으로 찾는 것이 과연 '리더'인가? 아니면 '현명한 보스'인가? 다시 한 번 깊이 생각해볼 필요가 있다.

두 가지 리더십

미국에 제임스 맥그리거 번스(James Mcgregor Burns)라는 사람이 있다. 원래 메릴랜드대학에서 정치학을 가르친 학자이지만, 1971년에는 루스벨트 대통령의 리더십에 대한 『사자와 여우』라는 책을 써서 퓰리처상을 받았을 정도로 대중과 친밀한 작가이기도 하다. 그 사람이 1978년에 쓴 『리더십 강의』라는 책은 리더에 대한 많은 사람들의 궁금증에 대한 해답을 제시해 '리더십을 하나의 학문영역으로 만들었다'는 평가를 받기까지 했다. 그는 그 책에서 리더십을 두 가지로 나누었는데, 하나는 '거래적 리더십(transactional leadership)'이고 다른 하나가 '변혁적 리더십(transformational leadership)'이다.

그는 역사 속 대부분의 리더들이 자신을 따르는 이들과 명시적이든 묵시적이든 일종의 거래를 했다고 설명했다. 자신을 따른다면, 그리고 자신이 부여하는 임무를 성공적으로 수행해낸다면 어떤 보상을 받게 될지 약속하고 지켰다는 것이다. 예컨대 장군을 따르는 군인들이라면, 각자 맡은 임무를 성공시킬 경우 적의 공세를 막아내거나 적지를 탈환한 뒤 막대한 전리품을 가지게 되거나 전쟁이 끝난 뒤 더 높은 계급으로 승진할 기회를 기대할 수 있을 것이다. 정치인을 따르는 추종자들이라면, 그 정치인이 권력을 쥐게 되었을 때 그 권력을 나누어받거나 그 권력을 통해 얻을 수 있는 지위나 부나 명예 따위를 얻을 수 있을 것이라고 생각할 것이다.

그리고 경영인을 따르는 기업의 직원들이라면 약속된 임금과 상여금을, 경우에 따라서는 승진을 통해 더 많은 경제적 보상 외에도 그 자신이 또 다른 부하 직원들을 거느리고 나름의 목표를 추구해갈 기회를 얻을 수 있을 것이다. 그래서 승리할 가능성이 높은 리더 아래 더 많은 인재와 추종자들이 모이는 것이 당연한 일이며, 그 승리의 가능성이 사라졌을 때 순식간에 사람들이 흩어져버리는 것도 당연한 일인 것이다. 우리 속담에도 '정승 집 개가 죽으면 대문이 터져나가지만 정승이 죽으면 개 한 마리 얼씬하지 않는다'는 말이 있는 것처럼 말이다.

말하자면 우리가 알고 있는 이러한 대부분의 리더들이 가진 공통적인 속성에 번스는 '거래적 리더십'이라는 이름을 붙였던 것이다. '거래적'이라고 번역된 원래의 단어는 'transactional'인데, 그대로 옮기면 '행위가 오가는'이라는 뜻이다. 즉 리더와 추종자 사이에 '가는 것이 있으면 오는 것도 있는' 관계라는 의미이며, 그래서 보통 '거래적'이라고 번역한다.

하지만 그는 이런 '거래적 리더십'과 구분되는 예외적인 종류의 리더십이 있다고 밝혔는데, 그것이 바로 '변혁적 리더십'이다. 흔하지는 않지만 많은 사람들에게 함께 추구해야 할 목적을 환기시키고 그 의미를 이해시키며 그 목적을 추구하기 위해 함께 일하고 싶다는 동기를 부여해주는 리더들이 있다는 것이다. 여기서 '변혁적'이라고 번역되는 원래의 영어 단어는 'transformational'이며 '유형이나 구성을 바꾸는'이라는 뜻으로 읽을 수 있다. 번스는 이 단어가 '바꾼다'는 뜻의 'change'와 어떻게 다른지를 이렇게 설명했다.

> "바꾼다(change)는 말은 어떤 것을 다른 것으로 대체하는 것, 주고받는 것, 옮기는 것을 의미한다. 이것은 거래적 리더십에 있는 특성이다. 하지만 무언가를 변혁시킨다(transform)는 말은 보다 심층적이다. 개구리가 왕자로 탈바꿈하거나 마차 공장이 자동차 공장으로 탈바꿈할 때처럼 형식이나 구조의 대변신을 일으키는 것, 사물의 상태나 본질 그 자체를 변화시키는 것이다"(번스, 『역사를 바꾸는 리더십』. 35쪽)

거래적 리더에서 변혁적 리더로

번스가 변혁적 리더십을 보여준 리더의 대표적 사례로 꼽는 것은 대부분 정치인이며, 특히 전쟁이나 혁명 같은 극적인 순간에 대중을 이끈 이들이 많다. 예컨대 루즈벨트, 처칠, 드골, 나폴레옹, 또는 미국 독립혁명과 건국을 이끌었던 워싱턴과

제퍼슨, 그리고 인도 독립운동의 상징으로서 '위대한 영혼'이라 불리는 간디 같은 이들이다.

예컨대 1933년부터 1945년까지 미국의 대통령을 지낸 프랭클린 루즈벨트의 경우를 생각해보자. 그는 전쟁 전까지는 여느 전임자들처럼 '거래적 리더십'으로 통치하는 대통령이었다. 다양한 방식으로 정치인들과 타협함으로써 법원이나 의회 안에서 자신의 우호세력을 늘리려 했고, 그럼으로써 자신이 의도하는 법안을 통과시키는 데 주력했기 때문이다. 하지만 일본군에게 진주만을 기습당한 뒤 그는 변화하기 시작했다.

전쟁을 시작하면서 루즈벨트가 대통령으로서 한 일은 그 전쟁에서 이기면 어떤 피해를 막을 수 있는지, 또는 어떤 이익이 주어질 수 있는지 알림으로써 국민의 참여를 요구한 것이 아니었다. 그는 침략자들이 단지 미국의 이익을 빼앗으려는 것만이 아니라, 자유와 민주주의와 인권과 같은 인간 보편의 가치를 위협하고 있다는 점을 분명히 했다. 전쟁에 찬성하고 참가하는 과정에서 미국인들이 그저 '당한 만큼 돌려주자'는 분노한 군중에 머문 것이 아니라 인류 공공의 가치를 수호하는 전사로 '변혁'된 것이다.

그뿐만이 아니었다. 루즈벨트는 전쟁에서 승리하기 위해 목숨을 바쳐 싸우기만 하면 되는 것이 아니라, 보다 건강하고 더 잘 교육받고 좋은 보수와 숙식을 제공받는 국민이 필요하다는 사실을 깨닫고 이를 적극적으로 알렸다. 그리고 그런 국민을 만들기 위해 모든 국민의 삶의 조건을 향상시키기 위한 사회개조프로그램을 가동시켰다. 그래서 미국은 단지 '전쟁을 위해 국민이 희생을 감수하는' 나라가 아니라 '전쟁에서 이기기 위해서라도 모든 국민의 삶을 돌보는' 나라로 '변혁'된 것이다.

결국 미국은 제 2차 세계대전에서 승리한 뒤 세계 유일의 초강대국으로 군림할 수 있게 됐다. 이는 전쟁의 한복판에 있던 유럽의 강대국들이 몰락했기 때문만도 아니고, 전시 생산체제를 가동하며 비약적인 생산력 향상을 얻었기 때문만도 아니었다. 그보다는 전쟁을 치르는 과정에서 미국이 더 높은 정치적 가치를 공유하고 더 많은 국민의 삶을 향상시킴으로써 더 폭넓은 창의성과 잠재력을 활용할 수 있는 선진적인 사회로 '변혁'될 수 있었기 때문이었다. 그것이 바로 '변혁적 리더십'이 가지는 힘이다.

마하트마 간디의 경우도 그와 같다. 한 민족의 독립운동가가 모든 인류의 존경을 받기는 쉽지 않다. 독립운동이라는 것이 그 민족의 테두리를 벗어나면 절박한 문제로 받아들여지기 어려운 것이 보통이며, 다른 민족의 이익이나 관심사와는 오히려 충돌하는 경우도 있을 수 있기 때문이다. 민족주의라는 것이 원래 민족 내부를 향해서는 이타적이지만 외부에 대해서는 이기적이고 배타적인 것이기 때문이기도 하다. 하지만 간디는 인도 독립의 아버지인 동시에 오늘날에는 그 인도가 맞서 싸웠던 영국을 포함한 대부분의 나라 사람들로부터 '성인'으로 추앙받고 있다. 그것은 무엇보다도 그가 인도의 독립운동을 이끄는 과정에서 '빼앗긴 나라를 되찾는다'는 단순한 차원을 넘어선 변혁적 리더였기 때문이다.

간디는 남아프리카에서 유학하던 시절 영국에 대한 저항운동을 시작했다. 하나의 민족이 여러 개의 카스트(계급)로 나뉘어있던 인도와 달리 남아프리카는 여러 인종과 민족이 뒤섞여있는 곳이었다. 그곳에서 그는 영국의 부당한 지배방식에 저항하기 위해 인도인뿐만 아니라 다른 여러 민족, 인종들과 연대하면서 증오보다 훨씬 강한 사랑과 포용의 힘을 발견했다. 내적인 해방을 통해 서로 사랑하고 포용하는 힘을 기르고, 그것을 통해 증오와 폭력을 고립시키고 뒤덮어버릴 수 있다는 사실을 꿰뚫어 본 것이다.

이로써 간디는 단지 '독립'만이 아니라 그 이상의 목표를 가지고 인도인들을 이끌었다. 예컨대 독립이 된 이후에도 천민제도가 철폐되어야 하고, 여성의 지위가 향상되어야 하며, 의료와 교육의 수준이 높아져야만 인도인들의 자유와 존엄이 지켜질 수 있다는 것을 알려나갔다. 그런 간디와 함께할 때 인도인의 독립운동은 영국인과의 싸움을 넘어 모든 인도인, 그리고 모든 인간의 인간적인 삶을 위한 싸움이 된 것이다. 일한 만큼 얻을 수 있는 소작인들의 정당한 권리를 지키고, 마을마다 학교를 세우고, 공중위생을 개선하고, 모든 사람이 생명 유지를 위해 꼭 필요한 소금을 먹을 수 있는 기본적인 권리를 찾겠다는 그의 목적을 부정하거나 비난할 수 있는 사람은 아무도 없었다. 그리고 그런 목적을 달성하기 위해 어떤 폭력도 사용하지 않고, 단지 물레를 돌려 실을 잣고 바닷가에 나가 소금을 모으며 평화롭게 행진할 뿐인 그를 처벌할 수 있는 정당한 방법도 있을 수 없었다. 하지만 인간에 대한 사랑을 잃고 폭력에만 의존하던 제국주의 시대의 영국은 그를 감옥에 잡아넣음으로써 스스로를 고립시켰고, 반대로 간디와 인도인들의 정당성을 온 세상에 드러내고 말았다.

간디와 함께하면서 인도인들은 단지 영국에 맞서 싸우는 사람들이 아니라 저마다의 내적 규율을 가지고 서로를 포용하며, 천민과 여성을 짓밟는 오랜 신분제도의 모순으로부터 벗어나 모든 사람들의 인간다운 삶을 향해 나아가는 인류 보편적 가치의 집행자로 탈바꿈할 수 있었다. 그리고 그것이 바로 간디가 변혁적 리더십을 가진 지도자였음을 보여주는 점이다. 변혁적 리더십이란 그렇게 주어진 과제를 달성하는 것만이 아니라 때로는 그 과제의 차원을 뛰어넘는 긍정적이고 발전적인 변화를 가져다준다.

번스가 예시한 이들이 아니라도, 변혁적 리더십의 사례로 생각해볼 수 있는 상황은 그 밖에도 많다.

예컨대 군인이 아니었기에 싸워야 할 의무도 없었고 싸우는 방법도 몰랐지만, '지금 다가오고 있는 침략자들을 막아내지 못하면 우리는 모두 죽게 될 것이며, 우리가 애써 얻어낸 자유와 평등을 다시 빼앗기고, 우리의 자손들은 또 한 번 저들의 종이 되어 착취당하고 유린당할 것'이라고 호소하는 혁명 지도자들을 따라 몽둥이와 돌을 들고 거리로 나섰던 프랑스혁명 시대 파리의 시민들을 상상해보자. 그들 각자는 그 싸움을 통해 아무것도 얻을 수 없었을지도 모른다. 하지만 그들은 험난한 싸움의 여정에 스스로 나섬으로써 '배가 고프고 화가 나서 왕을 죽인 무리들'에서 '자유와 평등과 박애의 수호자'로 탈바꿈할 수 있었다.

또한 30여 년 전 우리나라 어느 정치인의 후원자들을 한 번 떠올려보자. 태어난 곳이 경상도냐 전라도냐 하는 문제만으로 선거의 결과를 결정하며 수많은 사회적 모순을 만들어내는 고질적인 지역주의를 허물기 위해 어느 정치인이 뻔히 낙선할 줄 알면서도 계란을 맞아가며 적지에 거듭 출마했을 때를 말이다. 그 정치인을 돕기 위해 수백 명의 평범한 시민들이 저마다 기차를 타고 몇 시간씩이나 오가며 자원봉사를 하고 선거자금을 모아주었으나 그 정치인은 국회의원과 시장 선거에서 거듭 낙선했다. 그때 그들의 선거운동은 실패한 셈이었다. 하지만 '지역주의의 극복'은 이내 모든 국민이 가장 중요한 정치적 과제로 여기게 되었고, 결국 조금씩 그 과제가 풀려나가게 만드는 단초가 되었다. 그 정치인이 훗날 대통령에 당선된 것은 그 장기적인 성공의 과정을 보여주는 한 단면이기도 했다.

이처럼 추종자들이 원하는 것을 충족시켜주는 것이 아니라 그 이상의 다른 것을 원하게 만드는 리더십. 꿈을 이루어주는 것이 아니라 새로운 것을 꿈꾸게 하는 리더십. 그래서 무언가 받을 것을 기대하지 않고 오히려 자기 것을 내어주면서까지 따르고 싶고 함께하고 싶게 만드는 리더의 어떤 성질을 일컬어 번스는 '변혁적 리더십'이라고 표현했던 것이다. 그리고 그것을 통해 리더와 그를 따르는 이들뿐만 아니라 우리 세계 전체가 조금씩 더 나은 가치를 발견하고 그것을 향해 열려가게 된다고 생각했던 것이다.

변혁적 리더십은 왜 필요한가?

그렇다면 '거래적 리더십'에 비해 '변혁적 리더십'이 가지는 장점들이 무엇인지 짚어보자. 우리에게 더 많은 '변혁적 리더'가 필요한 이유는 무엇일까?

무엇보다도 변혁적 리더십은 높은 단계의 발전을 가져온다. 이것은 번스가 '변화 change'와 '변혁 transform'의 차이를 설명하면서 이야기한 적이 있다. 거래적 리더십은 이미 존재하는 무언가를 어딘가에서 어딘가로 옮기거나 주고받거나 빼앗는 데 기여한다. 하지만 변혁적 리더십은 질적으로 발전시킴으로써 이전에는 없던 것을 만들어내는 일과 연관된다. 전쟁에서 승리하는 것만이 아니라 모든 국민의 삶을 향상시키는 데 성공한 루즈벨트 대통령과 미국인들, 그리고 나라를 되찾는 것만이 아니라 서로 사랑하고 포용함으로써 폭력을 고립시키는 방법을 제시한 간디와 인도인들을 통해 그 사실은 충분히 이해할 수 있다.

하지만 그 밖에도 구체적인 점들을 몇 가지 더 생각해볼 수 있다. 예컨대 변혁적 리더십은 조직을 보다 오래 지속시킬 수 있다. 거래적 리더십은 기본적으로 추종자들에게 이익을 보장해줌으로써 유지된다. 반대로 이익이 보장되지 않으면 그 리더십은 흔들린다. 따라서 흔들림 없이 리더십을 유지하기 위해서는 추종자들에게 꾸준히 안정적으로 이익을 보장해줘야 한다. 하지만 추종자들이 바라는 이익이라는 것은 본질적으로 단기적이다. 백년 뒤의 보상을 위해 지금 헌신을 요구하기는 쉽지 않다. 이것이 바로 거래적 리더십이 가지는 본질적인 취약점이다. 월급을 약속함으로써 직원을 채용할 수 있지만 월급을 주지 못하면서 직원을 출근시킬 수 있는 기업은 없는 것처럼 말이다.

그런데 변혁적 리더십은 당장의 보상을 약속하지 않기 때문에 추종자를 모으기는 어렵지만 일단 모인 추종자들에게는 보다 장기적인 목표를 바라보게 할 수 있다. 보상이 없이는 사람을 끌어들이기 어렵지만, 반대로 보상 없이도 함께하기로 마음먹은 사람들은 쉽게 떠나지 않기 때문이다. 더 이상 아이들이 굶주리지 않는 나라를 만들자고 하거나, 아무도 피부색을 이유로 차별받지 않는 사회를 만들자는 목표는 사회봉사나 사회운동에 투신하는 이들에게 아무 이익을 돌려줄 수 없을 뿐 아니라 그들이 살아있는 동안에 이루어질 수 없는 목표일 수도 있다. 하지만 그들 각자가 더 이상 버틸 수 없어 생계를 위해 떠난다고 하더라도 그 조직은 쉽게 무너지지 않는다. 인권운동의 생명이 어느 대기업이나 정치조직보다도 길게 이어지는 것은 그 때문이다.

이로써 변혁적 리더십은 조직을 지속적으로 발전할 수 있게 해준다. 거래적 리더십은 리더와 추종자의 위치와 본분을 뚜렷하게 구분한다. 사장은 월급을 주며 지시를 하고 직원은 지시에 따라 일을 해야 하는 것처럼 말이다. 하지만 조직의 구성원 각자가 같은 목표에 대해 저마다의 방식으로 동기부여하게 만드는 변혁적 리더십은 구성원들 각자가 한 명의 리더로 성장할 수 있게 하며, 그래서 리더의 지시만을 바라보지 않고 각자 창의적인 방식으로 목표에 도달할 수 있는 방법을 찾아낼 수 있게 만든다. 거래적 리더십으로 이끌어지는 조직의 수준은 기본적으로 리더의 수준에 따라 한계 지어진다. 하지만 변혁적 리더십은 리더만이 아니라 구성원이라면 누구라도 뛰어난 조직을 만들고 폭넓은 발전의 가능성을 가질 수 있게 해준다.

그뿐 아니라 변혁적 리더십은 리더와 구성원들이 더불어 성장할 수 있게 한다. 리더와 구성원들이 일방적으로 지시를 받거나 영향을 받는 관계에 갇히지 않고 서로에게 배울 수 있는 환경을 만들기 때문이다. 물론 처음에는 리더의 영향력이 강하게 작용한다고 하더라도 어느 시점 이후에는 구성원들로부터 영향을 받아 리더가 성장하는 단계를 지나게 되며, 결국에는 애초에 누구도 상상하지 못했던 영역으로 상승하는 것도 기대할 수 있다. 국제적십자사, YMCA, 국경 없는 의사들, 그린피스 등 오늘날 지구적인 영역에서 엄청난 일을 해내는 수많은 조직들이 애초 설립자와 지도자들이 꿈꾸고 지향했던 것들보다 얼마나 더 높고 넓은 지점에 와있는지를 생각해보면 알 수 있듯이 말이다.

장기려와 변혁적 리더십

나는 십여 년 전에 전기를 쓰기 위해 수집했던 자료들과 직접 녹음했던 인터뷰 파일들을, 이번에는 논문을 쓰기 위해 다시 읽고 듣고 정리하는 과정에서 장기려야말로 번스가 설명한 '변혁적 리더십'의 가장 전형적인 예에 해당한다는 사실을 알게 됐다. 그는 '가난한 사람들도 치료받을 수 있도록' 하겠다는 목표를 위해 의사가 되었고 무료 천막병원을 운영했다. 하지만 그것이 끝내 혼자서는 다 감당할 수 없는 일이라는 사실을 깨닫고 힘을 보태줄 사람들을 모았다. 하지만 그는 함께 일할 사람들에게 돈이나 권력으로써 보상해줄 방법은 가지고 있지 못했다. 따라서 그가 할 수 있는 일은 오직 함께하고자 하는 그 일이 얼마나 중요하고 필요한 것인지에 대해 차분히 알리는 것뿐이었다. 그리고 그는 더 많은 사람이 함께하고 서로를 도우면 더불어 살 수 있는 길이 열린다는 희망을 제시했고, 함께 공부하고 성장하며 그런 꿈을 현실화할 수 있는 방법들을 찾아냈다. 그래서 그가 건강을 잃고 병석에 누웠을 때나 그가 세상을 떠난 뒤에도 그를 따르던 이들은 흩어지지 않았으며, 저마다 또 한 사람의 장기려가 되어 세상을 바꾸어나가는 데 성공하고 있다.

제임스 맥그리거 번스가 '변혁적 리더십'이라는 개념을 내놓은 7년 뒤인 1985년, 이번에는 버나드 바스(Bernard M. Bass)라는 경영학자가 그 개념을 조금 더 세련되게 다듬었다. 빙햄턴 뉴욕주립대학의 경영학과 교수로서 조직심리학의 개척자라고 불리는 그는 번스의 리더십 이론을 나름대로 분석해서 변혁적 리더의 특성을 네 가지로 정리했다. 그 내용을 요약해보자면 다음과 같다.

첫째는 '카리스마(Charisma)'다. 리더가 당장의 이익이나 보상을 주지 않더라도 그를 신뢰하고 존경함으로써 따르게 만드는 개인적인 특성을 가진다는 것이다. 둘째는 '영감적 동기부여(Inspirational motivation)'다. 구성원들에게 과업의 의미를 이해시키고 그것을 통해 동기부여해서 목표에 몰입시 킴으로써 적극성과 창의성을 이끌어낸다는 의미다. 또한 셋째는 '지적인 자극(Intellectual stimulation)'으로 구성원들이 미처 생각하지 못했던 것을 일깨움으로써 내부에 잠자고 있던 열정과 자신감과 의욕을 자극하고 움직이게 하는 자질을 가리킨다. 그리고 마지막 넷째는 '개별적인 고려(Individual consideration)'인데, 구성원을 하나의 비인격적인 집단이나 군중으로 보지 않고 한 사람 한 사람을 각각 소중한 인격체이자 특별한 개성으로 인식해 존중한다는 것이다.

번스가 변혁적 리더십이란 무엇인가에 대해 설명했다면, 바스는 변혁적 리더십으로 분류할 수 있는 사례들의 기준을 제시한 셈이다. 그리고 오늘날 변혁적 리더십에 대해 연구하는 많은 학자들은 대부분 번스의 설명을 인용하는 동시에 바스의 기준을 활용하거나, 그것을 나름대로 약간씩 변형해서 설명하곤 한다.

이어지는 장들에서도 역시 장기려의 삶과 행적을 위의 네가지 범주로 나누어 살펴보려고 한다. 번스나 바스를 비롯한 많은 리더십 연구자들이 사례로 활용했던 정치가와는 거리가 먼, 한 사람의 의사이자 사회운동가였음에도 불구하고 장기려 역시 그들이 말한 '변혁적 리더'의 모습에 정확히 부합하는 리더였다는 사실을 확인해보기 위해서다. 그리고 그가 단지 선한 사람이었을 뿐 아니라, 이웃들과 함께하며 세상을 선하게 변혁시킨 조직가였고 지도자였음을 환기시키기 위해서다. 어쩌면 그의 선함을 따라갈 수 있는 사람은 없을지도 모르지만, 그와 같은 방식으로 조직하고 이끌어가는 일만큼은 우리도 따라갈 수 있을 것이라고 생각하기 때문이다.

3. 가난한 사람도 치료받을 수 있는 나라

한국이 복지제도의 수준이 높은 나라라고 생각하는 사람은 많지 않다. 사실 대부분의 한국인들은 스스로 살길을 찾지 못하면 아무도 책임져주지 않는다는 절박한 심정으로 살아간다. 한 번 사업에 실패하면, 직장에서 한 번 잘리면, 대학에 합격하지 못하거나 취업에 실패하면 인생에서 '두 번의 기회는 없다'는 생각 때문에 한국인들은 늘 불안에 시달리며 스스로를 채찍질한다.

　물론 그것은 한국이 최근 수십 년 사이에 모든 분야에서 빠르게 발전할 수 있었던 원동력이 되었다. 하지만 한국이 세계에서 가장 치열하고 냉혹한 경쟁사회가 된 것도 또한 그 때문이다. 여러 국제기구에서 다양한 방식으로 집계하는 통계들 중 자살률, 출산율, 여가시간 같은 수치들은 확실히 한국이 세계에서 가장 나쁜 편에 속한다. 그것들을 중심으로 다른 몇 가지 수치들을 묶어서 '국민행복도'라는 지표를 만들기도 하는

데, 역시 한국인들이 비교대상으로 삼을 만한 나라들 중에서는 가장 낮은 수준이라고 할 수 있다.

하지만 복지의 여러 영역 중에서도 의료복지만은 좀 예외적이다. 어떤 기준으로 보더라도 한국은 그리 나쁜 점수를 받지는 않는다. 한국의 인구 당 병상 수나 한국인의 연간 평균 외래진료횟수는 흔히 '선진국의 기준'으로 여겨지는 OECD 평균치의 두 배를 넘는 수준에 이른다. 2019년 기준으로 인구 1000명당 병상 수는 OECD 평균이 4.7개에 불과한 반면 한국은 그 3배에 가까운 12.3개이며, 연간 평균 외래진료횟수는 OECD 평균이 7.1회에 그친 반면 한국은 16.6회에 달한다. 그래서 2020년 1월부터 갑자기 폭발한 '코로나 19 사태'에 대처하는 과정에서 드러났듯, 한국은 예상치 못한 신형 바이러스의 창궐 속에서도 세계에서 가장 빠르고 정확한 진단을 할 수 있으며, 갑자기 늘어난 환자들을 가장 여유있게 입원시켜서 치료할 수 있는 능력을 갖추고 있다. 특히 중요한 것은 그 모든 과정을 모든 국민들에게 아주 저렴한 비용에, 혹은 완전한 무료로 제공할 수 있다는 점이다.

물론 중요한 건 '돈'이다. 의료서비스는 돈이 많이 드는 일이다. 그리고 장기적으로 돈을 많이 들여야만 의료인을 키우고 병원을 짓고 설비와 약품을 마련해서 준비할 수 있는 일이다. 그래서 많은 예산을 투입하기만 하면 훌륭한 의료시스템을 갖출 수 있을 거라고, 사람들은 쉽게 생각한다. 하지만 경제력에 있어서 한국이 감히 비교할 수 없을 정도로 부유한 여러 나라들의 의료시스템이 얼마나 취약한지를 확인한 것 또한 '코로나 19 사태'가 불러온 충격이었다. 사실 앞에서 언급했듯 병상 수나 진료횟수 면에서 OECD 평균의 두 배를 상회하는 한국이지만 사실 의료예산지출액은 OECD 평균의 절반에 불과하다. 예컨대 2016년 기준으로 국민 1인당 의료예산 지출액의 OECD평균은 2,398달러지만 한국은 1,215달러밖에 되지 않는다. 한국이 어지간한 선진국들보다 더 적은 돈을 쓰면서 더 훌륭한 의료복지시스템을 갖췄다는 뜻이다. 어떻게 그런 일이 가능할까?

'얼마'보다 '어디에'

사실 가장 중요한 건 돈의 크기가 아니다. 물론 돈이 얼마나 많은가도 중요하지만 그 돈을 어디에 어떤 방식으로 투자하느냐가 좀 더 중요하다. 예컨대 미국을 비롯한 부자 나라들의 경우 의료체계가 지나치게 민영화되고 산업화되었다는 점이 문제다. 돈 있는 사람들에게 더 많은 의료자원이 배분되도록 시스템이 만들어져있다는 것이다. 충분한 검사비와 치료비를 낼 수 있는 부유한 사람들이 더 만족할 만한 의료서비스를 받을 수 있도록 발달한 반면, 아파도 돈이 없어 병원에 갈 수 없는 사람들이 쉽게 병원을 찾을 수 있도록 하기 위한 노력은 별로 하지 않았다는 의미다. 한국의 3배가 넘는, 국민 1인당 4,067 달러의 의료예산을 지출하는 미국에서 전 국민의 1/6이 의료보험의 혜택을 받지 못해 아파도 참아야 하고 참을 수 없는 병에 걸리면 파산을 하게 되는 것이 바로 그 때문이다. 예컨대 2020년 3월 말쯤 미국에서 코로나 바이러스에 감염된 17세 소년이 목숨을 잃고 말았는데, 호흡이 곤란한 위급한 상황이었는데도 보험이 없다는 이유로 치료를 거부당했기 때문이라는 사실이 알려져 많은 사람들을 놀라게 했었다. 제도가 잘못되면 부자나라의 국민들도 보호받을 수 없다는 사실을 보여준 슬픈 사건이었다.

더 많은 돈을 의료영역에 투자했지만 국민이 함께 누리는 혜택이 더 적다는 사실. 그것은 미국과 유럽의 병원들이 더 깨끗하고 더 안락하고 더 기술적으로 뛰어난 곳으로 바뀌어갔지만 그런 병원에 갈 수 있는 사람들의 수는 점점 더 줄어들어왔다는 뜻이기도 하다. 물론 그런 시스템 위에 투입되는 막대한 예산은 점점 더 의료의 산업적인 힘을 키우는 방향으로 결과를 내게 되며, 반대로 돈을 낼 여력이 없는 이들을 위한 서비스와 준비에 소홀해지게 된다. 부자와 가난한 사람들을 가리지 않고 감염되고 옮겨지는 바이러스의 무차별적인 공세 앞에서 그동안 막대한 의료예산을 지출해온 부자나라들이 허둥대고 무너져내린 이유가 바로 거기에 있었다. 가난한 사람이 손가락이 잘렸는데도 치료받지 못해 장애를 가지게 되는 것은 부자와 별 관계가 없었을지도 모른다. 하지만 가난한 사람이 걸린 바이러스는 곧 부유한 사람에게도 전염될 수 있다는 사실을 그들은 그동안 잊고 있었던 것이다.

공적 의료보험제도

반면 한국은 세계에서 가장 훌륭한 공적 의료보험제도(건강보험)를 발전시켜왔다. 정부가 직접 의료보험공단을 관리하고 모든 국민이 의무적으로 가입하도록 했으며, 각자 소득에 따라 보험료를 납부하도록 하고 굉장히 저렴한 비용으로 똑같은 의료서비스를 받을 수 있도록 설계되어 있다. 그리고 정부가 의료예산의 많은 부분을 그 의료보험제도에 투입함으로써 수익을 내는 것이 아니라 국민의 건강을 돌보는 일에만 집중할 수 있도록 지탱하고 있다.

보험이란 미래에 발생할지도 모르는 불행한 사태에 대처하기 위한 경제적인 대비 장치라고 할 수 있다. 누구도 사고나 실직이나 자연재해, 또는 질병 같은 불행한 사태 자체를 막을 방법은 없기 때문에, 그것에 대한 경제적 해결책을 미리 준비해두는 것이다. 인간이 겪는 대부분의 문제가 돈으로 해결되는 것은 아니지만 돈이라도 있을 경우에 그 피해를 줄일 수는 있기 때문이다.

하지만 당장 미래를 위해 비축할 만한 충분한 소득을 얻지 못하고 '하루 벌어 하루 먹는' 저소득층의 경우에는 일반적으로 보험 가입을 꺼리게 되며, 따라서 예상치 못했던 재해나 재난 앞에서 더욱 심각한 어려움 속으로 빠져드는 경향이 생긴다. 따라서 재난과 재해를 반복해서 겪다보면 빈부의 격차는 점점 더 심해진다. 그런데 문제는 그것으로 끝나지 않는다. 점점 더 많은 사람들이 가난해지면 그들에게 무언가를 팔고 이윤을 얻어야 하는 기업들도 어려워질 수밖에 없기 때문이다. 길게 보면 가난이란 전염병처럼 더 많은 사람에게 옮겨지는 성질이 있다. 그리고 그것이 심해져서 가난한 사람들이 너무 많아지고 기업들이 망하면서 사회 전체가 무너지는 것을 경제학자들은 공황이라고 부른다. 그래서 공황이 시작되면 빵가게 안에는 팔지 못한 빵들이 썩어가게 되고 밖에는 그 빵을 사먹을 돈이 없어 굶어 죽은 사람들의 시체가 썩어가게 된다. 기본적으로 사적인 개인과 사적인 기업 사이의 계약관계인 보험의 영역에 국가가 개입하는 경우가 생기는 것은 바로 그 때문이다. 그리고 우리 주변에서 볼 수 있는 그 가장 대표적인 경우가 바로 의료보험과 자동차 책임보험제도다.

그런데 국가가 보험이라는 형식을 통해 의료복지정책을 펴고자 할 때 얼마나 많은 사람을 가입시키느냐가 그 성패를 결정하는 중요한 요소가 될 수 있다. 보험의 기본원리는 가입자의 수를 최대한 확장해서 위험에 대한 부담을 분산시킴으로써 구체적인 위험에 대처할 수 있도록 하는 것이라고 할 수 있다. 무거운 바위 하나를 혼자서는 옮길 수 없지만 여러 개의 바위를 여러 사람이 함께 여러 번 들어 옮기는 것은 어렵지 않은 것과 같다. 그래서 일단 많은 사람들이 가입했을 때만 '위험의 분산'이라는 효과가 발생할 수 있다. 특히 의료보험의 경우에는 의무적으로 모든 국민을 가입시키지 않으면 성공하기 어렵다. 보험 없이도 스스로 치료를 받을 수 있는 부자들이나 당장 보험료를 낼 여유도 없는 가난한 사람들이 빠져나가버리기 때문에 빈부격차를 줄이는 효과를 기대하기 어려울 뿐 아니라, 질병을 숨기고 있거나 발생할 가능성이 높다는 점을 스스로 알고 있는 이들만이 보험에 가입하는 '역선택'을 통해 보험재정이 파탄 나버리는 경우가 많기 때문이다. 그래서 한국에서는 모든 국민과 모든 의료기관을 의료보험공단에 의무적으로 가입시키고, 국가가 예산을 투입하고 행정력을 동원해 관리함으로써 그런 문제점들을 극복해내고 있다.

최소한 1980년대까지만 해도 한국에서도 '돈이 없어서 병원 문 앞에도 가보지 못한 채 가족을 죽게 했다'는 이야기를 주변에서 흔히 들을 수 있었다. 아픈 부모님을 위해 약 한 첩 제대로 써보지 못했다며 눈물 흘리는 이들도 심심치 않게 볼 수 있었다. 아플 때 치료받지 못하는 것은 가난의 설움을 대변하는 가장 상징적인 에피소드들이었다. 그리고 '가족이 몹쓸 병에 걸리는 바람에 집안 살림이 몰락하고 말았다'는 이야기도 드물지 않게 들을 수 있었다.

하지만 의료보험제도가 자리를 잡은 오늘날에는 더 이상 한국에서 '돈이 없어 병원에 가지 못한다'거나 '병 때문에 집안이 망했다'는 말을 듣기 어렵다. 아무 날이나 동네 병원에 나가보면 허리가 조금 아프고 머리가 조금 아프고 여기저기가 당기고 쑤시고 미열이 나는 사소한 환자들이 줄을 지어 진찰을 받고 처방을 받은 뒤 채 몇 천 원도 되지 않는 돈을 내고 나서는 모습을 쉽게 볼 수 있다. 이제는 한국에서 자녀가 조금만 열이 나도 병원에 가기를 주저하는 부모는 거의 없다. 가벼운 감기에만 걸려도 '병원부터 가봐라'는 충고를 주고받는 것을 이상하게 생각하는 이들도 없다. 그리고 예컨대 암 같은 큰 병에 걸린다고 해도 돈이 없어서 수술을 받지 못한다는 사람은 보기 어렵다. 연말마다 많은 사람들이 내시경 검사를 비롯한 건강검진을 무료로 받을 수 있는 기회를 날려버리지 않기 위해 뒤늦게 병원 예약을 하느라 분주해지는 것은 어느새 한국인들에게 익숙한 일상의 한 가지 풍경으로 자리잡았다. 모두 미국과 유럽을 비롯한 세계 여러 나라 사람들이 들으면 깜짝 놀라는 대목들이다.

　　물론 한국의 의료보험제도에도 문제가 전혀 없는 것은 아니다. 우선은 아직 의료서비스를 제공하는 의사들에게 충분한 대가가 돌아가지 않는다는 점에서 그렇다. 보험료가 낮다보니 의료서비스의 대가로 책정되는 '수가(酬價)'도 너무 낮게 책정되었기 때문이다. 실제로 한국에서 의사들은 평균소득이 가장 높은 직업 중의 하나로 꼽히긴 하지만 그래도 미국이나 네덜란드, 영국, 호주 같은 나라의 의사들과 비교하면 절반 정도 수준에 불과할 만큼 낮은 편이다. 만약 한국이 미국과 가까운 곳이나 유럽의 어디쯤에 있었다면, 더 많은 수입을 보장받을 수 있는 이웃 나라로 이민을 가는 의사들이 훨씬 많아졌을지도 모른다. 하지만 다행스럽게도 아직까지 한국의 많은 의사들은 약간 불만이 있긴 하지만 이 땅을 떠나지 않고 묵묵히 환자들을 돌보는 일에 최선을 다해주고 있다. 그것은 바다와 휴전선에 의해 지리적으로 고립되어 비교적 이민이 쉽지 않은 환경 때문이기도 하지만, 돈보다는 아픈 사람을 돕겠다는 선한 결심으로 의학을 공부하는 학생들이 아직은 많기 때문이다.

그럼에도 불구하고 돈은 그리 간단한 문제가 아니다. 조금이라도 더 많은 돈은 조금이라도 더 많은 사회적 기회가 되며, 자녀들에게 조금이라도 더 좋은 교육 서비스를 받게 할 수 있는 도구가 되기 때문이다. 그러다보니 한국에서도 성형, 미용, 혹은 그 밖에 보험이 적용되지 않는 영역 쪽을 전공하는 의사들이 점점 많아지는 반면 일반외과나 내과, 산부인과 같은 기본과목 의사들이 점점 부족해진다고 걱정하는 이들이 많다. 그리고 의사들이 낮은 진료비만을 받으며 많은 환자들을 돌봐야 하다 보니 아무래도 환자 한 명을 보는 진료시간이 짧아진다거나 새로운 의료기술을 활용하려는 의욕을 가지기가 쉽지 않은 등 진료의 질이 부실해지는 문제점들이 지적되기도 한다.

그리고 더 심각한 것은, 의료보험이 앞으로도 오래오래 지금처럼 유지될 수 없을지도 모른다는 점이다. 한국의 의료 보험제도가 기본적으로 적은 돈을 받아 많은 혜택을 돌려주는 방식으로 발전해오다 보니 보험공단에 재징직인 직자가 계속 쌓여가는 수밖에 없는데다가, 점점 사람들의 수명이 길어지고 출산율이 낮아지면서 지금처럼 노령인구의 비중이 빠르게 늘다보면 모이는 보험료는 적어지고 병원을 찾는 사람들은 늘게 되어 언젠가는 지금과 같은 질의 의료서비스를 유지할 수 없는 한계에 부닥칠 수도 있다는 걱정이 있는 것이다.

　　하지만 '한계'는 어디까지나 '한계'일 뿐이지, 그것을 가지고 지금 한국이 가진 의료보험제도의 훌륭함을 깎아내릴 필요는 없다. 세계 어느 나라보다도 빠르게 자본주의를 발전시켜왔고 약자를 배려하기보다 강자만이 살아남는 자유주의적 경로를 추종해온 결과 냉정하고 살벌한 경쟁을 강요해왔음에도 불구하고, 한국은 의료보험제도를 통해 최소한 인간의 생명과 건강에 대해서만큼은 존중과 배려를 놓지 않은 나라로 남게 되었다고 할 수 있기 때문이다.

　　어쨌건 한국이 이렇게 훌륭한 의료보험제도를 가지고 있다는 사실은, 한국에서 살아가는 우리 자신들에게도 꽤나 신기한 일이다. 그리고 사실은 우리 자신도 어쩌다가 이런 것을 가지게 되었는지 잘 모른다. 그래서 어떤 외국인 친구가 '당신네 나라는 어떻게 이런 훌륭한 제도를 만들 수 있었는가?'라고 묻는다면, 아마도 충분히 납득할 만한 설명을 할 수 있는 사람이 별로 많지는 않을 것 같다.

쓰레기통에서 핀 장미꽃

일반적으로 사회복지제도는 민주화의 과정에서 얻어지는 결과물인 경우가 많다. 사회복지제도라는 것이 원래 그 사회의 가장 약하고 가난한 사람들에게도 최소한의 혜택이 돌아갈 수 있도록 하기 위한 것인데, 가장 약하고 가난한 사람들까지 그 사회의 주인으로 인정받는 과정이 바로 민주화이기 때문이다. 그래서 사회복지제도가 발전된 나라란 민주주의가 그만큼 성숙된 나라라고 봐도 크게 어긋나지는 않는다. 한국 역시 복지제도의 발전은 민주화의 진전과 발맞추어 이루어져왔다. 그렇다면 복지제도 중에서도 예외적이라고 할 만큼 잘 발달된 한국의 의료보험제도는 언제 어떻게 시작된 것일까?

그런데 여기에 뜻밖의 사실이 있다. 한국에서 의료보험제도는 민주화의 과정에서 시작된 것이 아니라는 사실이다. 그것은 오히려 '군사독재정권 시대'의 출발점이라고 할 수 있을 1960년대 초반에 시작되었고, 군사정권의 폭압성이 극에 달했던 '유신체제'의 한복판인 1970년대 중반에 본격적으로 확장되었으며, 역시 유신체제 못지않게 폭력적인 군사정권이 지배하며 국민을 짓누르던 1980년대를 막 통과한 시점에서 또

한 단계 도약해 전 국민을 가입자로 포괄하는 단계에 이르게 되었기 때문이다.

게다가 미국이나 유럽의 여러 나라들과 달리 한국의 의료보험제도는 국민이 끈질기게 요구하고 싸워서 얻어낸 것도 아니었다. 오히려 국민이 미처 의료보험제도라는 것이 무엇인지도 모르던 시절, 그리고 그것이 왜 필요한지 생각해보지도 못했던 시절에 시작된 것이었다. 60여 년 전, 한국에서는 도대체 무슨 일이 일어났던 것일까?

1963년 10월에 한국에서 제 5대 대통령선거가 치러졌다. 그리고 5.16 군사정변을 일으켜 정권을 장악한 뒤 2년간 '국가재건최고회의' 의장이라는 이름으로 군사정부를 이끌던 박정희 장군이 군복을 벗고 그 선거에 출마해 당선되었다. 그래서 그해 12월 16일, 그러니까 새 대통령의 취임식이 치러지기 하루 전날 박정희 '장군'이 이끌던 '국가재건최고회의'는 박정희 '대통령'이 이끄는 '민간정부'에 모든 권력을 넘기고 해산되어야 했다. 물론 옷만 갈아입고 간판만 바꿔다는 일종의 요식행위이고 겉치레라고도 할 수 있었지만, 어쨌거나 '국가재건최고회의'로서는 2년간의 성과를 정리하고 제도화함으로써 군사혁명과 군사정부가 왜 필요했었는지를 세상에 알릴 필요가 있었다. 바로 그때 '군사정부의 업적'으로 선전하기 위해 서둘러 만들고 통과시킨 법들 중에 '의료보험법'이 있었다. 바로 한국 의료보험제도의 역사가 시작된 순간이었다.

그 법은 300명 이상의 노동자를 고용한 사업장의 사업주가 노동자 300명 이상의 동의를 얻은 다음 다시 보건사회부장관의 승인을 얻으면 의료보험조합을 결성할 수 있고, 노동자와 사업주가 각각 절반씩의 돈을 내서 기금을 만들도록 했다. 그러면 그 기금을 활용해서 조합의 가입자들은 '단순피로, 예방주사, 주근깨와 보철치료, 아편중독' 등 10가지 비급여 대상을 제외한 모든 질병에 대해 본인부담률 20%, 가족부담률 40%의 저렴한 비용으로 치료받을 수 있도록 한다고 규정되어 있었다.

이 법률은 국민들에게 뭔가 상당한 혜택을 보장하는 것처럼 보이기도 하지만 사실상 현실적인 효과는 전혀 없었다. 우선 '사무집행에 소요되는 비용과 보험급여에 소요되는 비용의 일부를 보조할 수 있다'는 애매한 내용 외에는 정부의 재정 지원에 관한 구체적인 약속도 없었고, 조합을 반드시 결성하고 가입해야 한다는 의무 규정도 전혀 없었기 때문이다. 정부가 강제하는 것도 아니고 확실하게 지원하는 것도 아니라면, 기업들의 입장에서 굳이 의료보험조합을 만드는 수고를 감수하고 또한 직원들에게 지출하지 않아도 될 비용을 추가로 지출해가며 치료비를 보조할 이유가 하나도 없었기 때문이다. 만들어졌지만 현실을 조금도 바꾸지 못하는 법. 흔히 말하는 '유명무실한 법'이었다.

사실 그때도 법을 만든 사람들이 그걸 모른 것은 아니었다. 당시 정희섭이라는 이름의 보건사회부 장관이 애초에 만들어서 제출한 법안에는 '500인 이상 사업장은 의무적으로 의료보험조합을 결성해서 모든 직원을 가입시키도록 한다'고 되어 있있다. 하지만 최고회의 의장단 법률고문으로 위촉되어 있던 변호사들이 '강제가입'이라는 조항은 헌법상의 자유 원칙에 위배된다며 반대했다. 그들 대부분 집안에서 기업을 소유하고 있었고, 또는 주로 기업들을 상대로 변호사 활동을 하고 있었기 때문이다. 그들은 기업들에게 불리한 일은 막을 수밖에 없었고, 그 바람에 법안은 결국 의무가입 조항은 삭제되어버린 채 통과되었던 것이다.

당연한 일이지만, 굳이 자기 회사의 직원들을 모아서 동의를 얻고 장관의 승인을 얻어가며 의료보험조합을 만들어 가입시키고 싶은 기업 경영인은 당시에는 한 사람도 없었다. 하지만 법을 만들었는데 그 법의 적용을 받는 사람이 아무도 없다면 그것도 정부로서는 망신스러운 일이었기 때문에 '시범사업'이라는 이름으로 억지로 의료보험조합을 만들긴 해야 했다. 그래서 정부가 운영하는 국영기업인 호남비료에서 시범삼아 결성되어 직원 343명과 가족 1730명이 가입자와 피보험자로 등록된 것이 한국 최초의 의료보험조합이었고, 1966년에 봉명흑연광업소에서, 그리고 1973년에 대한석유공사에서 추가로 결성되면서 모두 3개가 되는 데 그치고 말았다.

그래서 한국에서 '실질적으로' 의료보험제도가 시작된 것은 1977년이라고 말할 수 있다. 그해 7월부터 시행된 개정 의료보험법이 14년 전 처음 법을 제정할 때 삭제됐던 '강제가입' 조항을 다시 되살려서 포함시켰기 때문이다. 그래서 그해부터 500명 이상을 고용한 사업장은 의무적으로 의료보험조합을 결성하게 함으로써 곧바로 486개의 중견 이상 기업들에서 의료보험조합이 설립되었고 모두 309만 8,318명(피보험자 115만 9,776명과 그 가족들인 피부양자 193만 8,542명)이 의료보험의 혜택을 볼 수 있게 되었다.

그 뒤로도 꾸준히 법을 개정해서 의료보험 적용인구를 늘려나갔다. 2년 뒤인 1979년에는 법을 다시 개정해 공무원과 사립학교 교직원들을 가입시켰고, 의료보험조합 의무가입 대상 기업의 기준도 300인 이상 사업장으로 낮추었다. 그래서 의료보험가입자와 피부양자 수가 법 시행 첫 해인 1963년에는 전 국민의 0.2%에 불과했지만 의무가입조항이 신설된 1977년에는 8.8%까지 늘어났고, 공무원과 사립학교 교직원까지 가입하게 된 1980년에는 28%선까지 늘어나게 되었다.

조합원들이 매달 조합에 내는 돈인 조합비와 병원에서 치료를 받을 때 내는 돈인 자기부담금은 조합마다 자율적으로 정하도록 했지만 공통적인 한계선은 설정되었다. 조합비는 임금의 3%에서 8% 사이에서 장관이 정하도록 했고, 자기부담금은 피보험자의 경우에는 입원했을 때는 30%, 외래환자로서 진료 받을 때는 40% 이내에서 내도록 했으며, 가족들(피부양자)의 경우에는 그보다 10%씩 높은 40%와 50% 선 이상을 내지 않을 수 있도록 한정했다.

의료보험제도의 효과와 민주주의의 힘

그러니까 뒤집어서 말하자면 1980년까지도 전 국민의 72% 가량은 의료보험의 혜택을 받을 수가 없었다. 그런데 혜택을 받는 28%는 공무원이나 국영기업의 직원, 또는 중견급 이상의 규모를 가진 기업의 직원과 그 가족들이었기 때문에 비교적 경제적 여유를 가진 편에 속하는 이들이었고, 의료보험제도가 시행되기 전에도 꼭 필요하다면 병원을 찾을 수 있는 이들이었다. 하지만 오히려 의료보험에 가입하지 못한 72%는 영세한 중소기업에 다니거나 작은 규모의 장사를 하거나 농사를 짓는, 혹은 마땅한 직업을 가지지 못한 사람들이었다. 정작 아파도 치료비가 없어서 병원에 가지 못했던 가난한 사람들의 대다수는 여전히 그 혜택을 받을 수 없었다는 뜻이다.

그렇게 초기의 의료보험제도는 정말 필요한 사람들 대부분에게는 혜택을 주지 못했기 때문에 그만큼 충분한 개선효과를 보여주기 어려웠다. 하지만 그럼에도 불구하고 막 자리잡기 시작한 의료보험제도의 효과는 아주 뚜렷하게 나타났다. 1981년에 경제기획원이 발표한 '1980년 사회조사결과'는 그 효과를 잘 보여준다.

그 조사에 의하면, 한국에서 의료보험제도가 본격적으로 도입되기 시작한 첫 해였던 1977년에는 '한 달에 한 번 이상 병원을 찾는' 이들이 인구 천 명당 28.2명에 불과했지만 의료보험 가입자 수가 28%까지 올라간 1980년에는 39.9명으로 30% 가까이 늘었다. 그리고 출산형태도 1977년에는 '집에서 낳는' 경우가 64.2%로 가장 많았지만 1980년에는 '병원에서 분만' 하는 경우가 53.7%로 가장 많은 답을 차지하는 확연한 변화가 나타났던 것이다. 특히 그때는 아직 전문 의료 인력의 도움없이 위생적이지 못한 환경에서 그저 경험 많은 동네 할머니들의 도움만으로 아기를 낳다가 세균이나 바이러스 감염에 노출되는 경우가 많았다. 그래서 갑작스런 출혈을 막지 못해 죽거나 심각한 후유증을 안게 되는 산모와 태아가 흔하던 시절이었다. 그런데 의료보험은 아직 부분적으로만 도입된 상태에서도 영아사망률을 낮추고 여성의 건강을 향상시키는 데 획기적인 역할을 하기 시작했던 것이다.

그리고 이런 성과들이 조금씩 알려지면서 의료보험제도의 발전은 점점 더 속도가 붙기 시작했다. 의료보험제도의 혜택을 경험하면서 그 효과를 실감하는 사람들이 늘었을 뿐 아니라, 그런 사람들을 지켜보고 부러워하면서 자신도 그 대상에 포함되기를 원하는 국민들도 점점 늘었기 때문이다. 그리고 그것이 국민들의 건강을 개선하고 정부에 대한 국민들의 만족도를 높이는 데 얼마나 큰 효과를 가지는지를 확인한 정부와 정당의 정책담당자들도 조금씩 늘어났기 때문이다.

1980년대 들어서도 의료보험법은 꾸준히 개정되었고, 가입대상은 확장되었다. 1981년에는 100인 이상 사업장까지 의무가입대상으로 지정되었고 1982년에는 16인 이상의 사업장으로 확장되었다. 그 결과 전체 국민 중 의료보험 가입자의 비율은 44.1%까지 올라갔다. 가입률이 20% 안팎에 머물던 시대와 40%를 넘어선 시대에 사람들의 피부에 느껴지는 정도는 확연히 달라진다. '20%대의 가입자'란 대부분의 국민들에게는 '몇몇 특권층'의 일로 치부되기 쉽지만 '40% 이상의 가입자'란 주변에서도 흔히 볼 수 있는 사례가 되기 때문이다. 그리고 어딘가에 존재하는 특권층의 일은 그저 부러운 일에 그치지만, 주변에서 흔히 볼 수 있는 일은 따라가고 싶은 구체적인 욕구를 자극하게 된다.

예컨대 1980년대 초반에 갑자기 다치거나 병에 걸려서 병원에 입원해야 하거나 수술을 받아야 하는 사람들은 주변에서 공무원이나 대기업에 다니는 친척이나 이웃을 찾아다니곤 했다. 가입자의 의료보험증을 빌려서 병원에 가면 그만큼 비용을 할인받을 수 있었기 때문이다. 게다가 국민의 절반 가까이가 의료보험의 혜택을 받게 된 그 무렵엔 누구나 멀지 않은 주위에서 가입자 한두 명쯤은 찾을 수 있었기 때문이다. 물론 의료보험에 가입된 사람들로서도 그것을 잠깐 빌려준다고 해서 더 많은 보험료를 내야 하는 것도 아니었고, 보험증에 사진이 붙어있는 것도 아니어서 적발될 걱정도 없었기 때문에 빌려주지 않을 이유도 별로 없었다. 그래서 가끔은 입원한 친구의 병문안을 가서도 그 친구의 이름이 아닌 보험증에 적혀있는 이의 이름을 부르며 연기를 해야 하는 경험을 했던 이들이 그 시절에는 적지 않았다. 사실은 그런 부정한 방법으로나마 공식적인 가입자 수보다 훨씬 많은 사람들이 의료보험의 혜택을 입은 셈이기도 했다.

하지만 그러다가 간혹 문제가 생기는 경우도 있었다. 예컨대 의료보험증을 빌려서 입원했던 사람이 사망해버린 탓에 엉뚱한 사람이 사망한 것으로 처리되는, 웃지못할 사고들도 간혹 벌어졌던 것이다. 물론 그런 일이 벌어지면 별 수 없이 거짓으로 받았던 혜택을 반납하고 사망자의 이름을 바로잡아야 했다. 그런 경우 엄격하게 처리하자면 부정수급에 관한 법적 처벌을 해야 했지만, 대개는 병원이나 행정공무원들도 의료보험증을 빌려야 했던 사람들의 사정을 충분히 이해할 수 있는 것이었기 때문에 적당한 선에서 부정하게 할인받은 만큼을 반납하게 하고 눈을 감아주는 것이 보통이었다. 제도가 도입되고 발전하던 시기의 과도기적인 해프닝들이었다.

그런 경험들을 겪고 들으면서 사람들은 의료보험이 무엇이고 어떤 효과를 가지는지를 배웠고, 의료보험의 혜택이 더 폭넓게 주어지기를 바라게 되었다. 1980년대는 그런 의미에서 한국인들이 의료보험제도의 필요성을 알아가고 절감해간 시기였다고 할 수 있다.

1987년 6월, 역시 군사정변을 통해 움켜쥔 독재 권력을 더 길게 이어가려고 했던 전두환 대통령에 맞서 맨손의 시민들 수백만 명이 거리로 나와 싸운 끝에 민주적인 헌법을 얻어내는 엄청난 일이 벌어졌다. 그리고 그런 시민들의 힘을 경험한 정부는 시민들의 요구에 보다 적극적으로 반응할 수밖에 없게 되었다. 군사정권의 후계자이긴 했지만 1987년 겨울 민주헌법을 통해 치러진 대통령선거에서 당선된 노태우 대통령의 정부는 1988년에 다시 한 번 의료보험법을 개정해 5인 이상의 모든 사업장이 의료보험에 의무적으로 가입하도록 확대했다. 그리고 농어촌지역에서도 의료보험제도를 실시하기 시작한 데 이어서 이듬해인 1989년 7월에는 도시의료보험이 도입되었다. 그리고 직장의료보험의 경우에도 사업장의 규모에 상관없이 모든 직장인들이 직장의료보험조합에 가입하도록 또 한 번 확대 개편되었다. 이로써 드디어 모든 국민이 의료보험제도의 혜택을 받게 되었던 것이다.

가입대상의 범위라는 면에서, 한국 의료보험제도의 양적인 성장이 완성된 것은 1989년이었다. 하지만 내용적으로는 여전히 부족한 부분이 많았다. 의료보험이 적용되는 질병의 종류도 충분히 폭넓지 못했고, 직장과 지역별로 운영되는 의료보험조합들의 정책과 재정상황이 중구난방 다 조금씩 다른 것도 문제였다. 그런 문제들 역시 민주주의가 확대되는 과정과 발맞추어 몇 번의 도약을 경험하며 개선되어갔다.

대표적으로 1998년부터 2000년 사이에는 전국의 모든 직장과 지역 의료보험조합을 통합해서 '국민건강보험공단'이 만들어졌다. 서로 형편이 달랐고 조건과 혜택도 조금씩 달랐던 각 지역과 직장의 모든 가입자들을 통합해서 관리하고 똑같은 혜택을 줄 수 있도록 개선했던 것이다. 그리고 2000년에 '진료는 의사에게, 약은 약사에게'라는 표어로 상징되는 의약분업이 이루어진 것도 중요한 변화였다. 그 이전까지 일부 병원들이 진료비를 낮게 책정하고 약값을 높게 책정해서 의료보험의 적용을 회피했던 경향을 원천적으로 봉쇄함으로써 국민들의 혜택을 보장한 조치였기 때문이다. 또한 2017년 8월에는 '향후 5년 이내에 미용과 성형을 제외한 모든 의료 서비스를 국민건강보험에서 보장하겠다'는 대통령의 선언이 있었고, 그 로드맵에 준거해서 보장의 확대와 자기부담율의 인하가 계속 이루어지고 있다.

정리하자면 한국의 의료보험제도는 1963년에 처음 도입되고 1977년에 실질적으로 시작되었으며, 1989년까지 양적인 성장을 마친 뒤 지속적으로 보험급여대상 질병의 폭은 넓히고 가입자들의 부담은 줄이는 질적인 성장을 해오고 있다. 그 결과 예전에는 똑같은 질병이라고 해도 가장 값이 싼 약에 대해서만 보험이 적용되었기 때문에 조금 더 효과가 좋은 약을 사용하고 싶으면 보험의 혜택을 받지 못해 훨씬 많은 돈을 내야 했던 것이, 점점 더 좋은 약들까지도 싼값에 이용할 수 있도록 바뀌고 있다. 그리고 예전에는 암과 같은 큰 병에 걸리면 의료보험의 혜택을 받더라도 수백만 원의 돈을 더 내야 했었지만 이제는 불과 수십만 원으로 모든 비용이 해결되기에 이르고 있다.

유신시대에 의료보험이 시작된 이유

그렇다면 우리나라 역사에서 민주주의와 거리가 가장 멀었던 시대에, 그것도 의료보험제도를 만들어달라고 요구하는 국민도 거의 없던 시점에, 한국 정부는 왜 그런 제도를 도입하기 시작했을까? 그 문제에 대해서는 꽤 복잡한 설명이 필요하다. 하지만 본격적으로 그 이야기를 하다보면 원래 이 책에서 하려던 이야기가 방향을 잃을 수도 있기 때문에, 최대한 간략하게 소개만 하고 지나가기로 해야 하겠다.

우선 1970년대 후반에 박정희 정권이 처했던 사정을 생각해보면 어느 정도는 이해할 수 있을 것이다. 1961년에 군사정변을 일으키고 1963년에 선거를 통해 대통령의 자리에 오른 박정희는 당시 헌법에서 허용한 두 차례의 임기를 모두 마친 뒤에도 권력을 내놓으려 하지 않았다. 그래서 결국 반대하는 국회의원들을 잡아다가 고문하고 협박해가면서까지 억지로 헌법을 뜯어고친 다음 1971년에 치러진 대통령선거에 세 번째로 출마해 당선됐다. 하지만 박정희와 정부의 미래는 암담할 수밖에 없었다. 그 선거에 1년 예산의 1/7에 해당하는 엄청난 돈을 쏟아붓고 전국의 모든 공무원들을 선거운동원으로 동원하다시피 하는 등 온갖 부정과 반칙을 저질렀는데도 100만 표도 되지 않는 차이로 간신히 승리했을 뿐이었던데다가, 그 과정에서 저지른 악행들을 알게 된 국민들의 마음도 점점 떠나고 있다는 것을 알게 됐기 때문이다. 아무리 억눌러도 국민들의 저항은 거세졌고, 미국을 비롯한 다른 나라들의 시선도 차츰 싸늘하게 변해갔다.

그래서 단행한 것이 바로 '유신개헌'이었다. 1972년 10월에 박정희는 군대를 동원해 국회를 해산하고 계엄령을 선포해 모든 집회와 시위와 자유로운 언론 보도활동을 정지시킨 뒤 주요 야당 지도자들을 잡아다가 무차별적으로 고문해 입을 막았다. 그리고 그런 공포분위기 속에서 국민투표를 강행해 유신헌법을 새 헌법으로 선포했다. 통일주체국민회의라는 선거인단의 요식행위를 통해 연임제한도 없이 무한정 이어갈 수 있게 된 대통령이 입법, 행정, 사법부를 한 손에 쥐고 국민의 기본권마저 마음대로 제한할 수 있게 한 것이 바로 유신헌법이었다. 그것은 국민의 주권을 실현하기 위한 원리와 전제를 규정한 것이라기보다는, 박정희의 모든 자의적인 독재권력 행사를 정당화하기 위한 장치일 뿐이었다.

세계 역사에 수많은 독재자들이 수많은 악행을 저질렀지만, 유신헌법처럼 그런 악행의 근거를 문서화하고 헌법의 자리에까지 올려둔 사례는 드물었기 때문에 역설적으로 박정희를 세계 최악의 독재자 중 하나로 기록되게 만드는 근거가 된 것 역시 유신헌법이었다. 박정희가 '유신개헌'이라는 그런 엄청난 무리수를 두어가며 최악의 독재체제를 만든 것 역시 그런 방법이 아니고는 정권을 유지할 수 없게 된 절박한 사정을 반증하는 것이다.

　　게다가 그나마 국민의 절반 정도라도 선거에서 박정희 대통령을 지지했던 것은 지난 10년 동안 빠르게 경제를 발전시킨 것을 높이 평가했기 때문이다. 그런데 세 번째 임기가 시작된 1970년대에 들어서게 되면 경제성장의 속도가 점점 느려지기 시작했다는 점도 심각한 문제였다. 사람의 키가 무한정 커질 수 없는 것처럼 나라의 경제도 끝없이 성장할 수는 없는 법이다. 특히 아직은 기술과 자본이 부족해 단순조립생산 단계에 머물던 당시 한국의 산업생산력으로는 더 이상 부가가치를 높이기 어려운 한계에 도달해 있었다. 농촌 젊은이들을 도시로 끌어들여 밤낮없이 기계를 돌림으로써 이룰 수 있는 만큼의 성장은 이미 한국도 어느 정도 완성한 뒤였기 때문에 1960년대와 마찬가지로 고속성장을 계속할 수는 없었던 것이다. 하지만 일단 고속성장에 익숙해진 국민들은 끝없이 성장할 수 있을 거라고 기대하고 있었고, 그 기대가 조금씩 깨지기 시작하자 정부를 향한 불안들이 살아나기 시작했다.

거기에 엎친 데 덮친 격으로 새 임기가 시작되고 얼마 지나지 않은 1973년에는 한국에 주로 석유를 수출해온 아랍의 여러 나라들이 이스라엘과의 전쟁에 휘말리는 바람에 석유 가격이 갑자기 며칠 만에 두 배가 넘게 뛰어오르는 '1차 오일쇼크'가 시작되었다. 그리고 석유 값이 오르자 한국의 상품 생산비용은 늘어난 반면 우리가 생산한 물건을 수입해야 할 미국이나 일본의 소비여력은 갑자기 줄어들고 말았다. 그 때문에 수입 석유와 그것으로 만든 에너지로 돌리는 공장 생산물의 해외수출에 의존하던 한국 경제가 특히 큰 타격을 입는 어려움까지 겹친 것은 당연한 일이었다.

그 무렵 또 한 가지 박정희 정권을 성가시게 하는 문제는 북한과의 체제경쟁이었다. 1960년대까지만 해도 북한이 남한보다 오히려 경제적으로 앞섰던 것이 사실이고, 고속경제성장에 성공한 1970년대에도 아직 남한의 경제력이 북한보다 월등하다고 할 수는 없는 수준이었다. 그래서 남쪽에도 아직은 북한의 체제를 부러워하거나 북한의 체제선전을 믿는 사람들이 없지 않았고, 따라서 남한과 북한이 서로 자기 쪽의 우월함을 자랑하고 상대편을 비난하는 선전전이 지금은 상상할 수 없을 만큼 치열했다.

그런데 그때 북한의 선전 중에서 박정희 정권의 심기를 가장 불편하게 하는 것이 두 가지 있었다. 첫째는 박정희가 일본군 장교로 활동했던 친일파이며 여전히 일본의 지시에 따라 움직이는 꼭두각시라는 비난이었고, 둘째는 가난한 사람들이 병원에 가지 못하는 남한과 달리 북한에서는 모든 국민들이 아플 때 무료로 병원에서 치료를 받을 수 있다는 선전이었다. 그런 내용을 담은 라디오 방송과 선전물(삐라)이 수도 없이 남쪽으로 날아들었고, 군대와 경찰이 북한의 선전물을 가지고만 있었던 사람들까지 모두 잡아다가 처벌해가면서 기를 쓰고 막으려 해도 어느새 스며들어온 그런 이야기들이 입소문처럼 퍼져나가는 것은 어쩔 수가 없었다.

삐라와 무상의료

당시 북한의 최고 권력자였던 김일성의 아버지 김형직은, 자격이 없는 가짜였다는 설도 있긴 하지만 어쨌거나 젊은 시절 의사로 활동했던 것은 분명해 보인다. 그래서 그런 아버지의 영향을 받은 김일성은 항일유격대 활동을 하던 시절부터 의사들을 특히 우대하는 경향이 있었다고 하는데, 그 때문인지 해방 후에 북한에서 정권을 잡자마자 의료 문제에 상당한 관심을 기울인 것은 사실이었다. 전쟁 전인 1947년 1월 27일부터 이미 '사회보험법'을 제정해 북한의 모든 주민들에게 무상의료서비스를 제공했던 것이 그 대표적인 예이다. 그 제도를 통해 시행 첫 해인 1947년에 170만 명이 병원에서 무료 진료를 경험했으며, 3년차인 1949년에는 연간 960만여 명이 혜택을 받았을 만큼 나름대로 정착되어가기도 했다. 그리고 그 무렵 북한의 수도 평양에서 의사와 의대 교수로도 활동했던 장기려가 그 제도에 대해 대략이나마 경험할 기회를 가진 것은 당연한 일이었다.

물론 그 제도가 내실있게 시행될 만큼 북한 정권이 충분한 의료인력과 약품, 의료장비 등을 확보하고 있었던 것은 아니다. 더구나 곧 터진 전쟁 중에 북한의 의료체계는 철저히 파괴되어 거의 마비되다시피 했고, 휴전 후에도 한동안은 북한 사람들이 병원을 찾기가 쉽지 않았다고 한다. 하지만 북한이 전쟁 복구 작업을 일단락했다고 선언한 1960년 2월, 북한 정부는 '전쟁 전에 비해 의사 수는 2.2배, 병상 수는 4.4배 확충되었다'고 밝히면서 그것을 기반으로 '완전하고 전반적인 무상치료제'를 다시 실시한다고 대대적으로 선전하기 시작했다.

물론 그것 역시 특별한 인도주의적인 고려로 추진된 정책이었다기보다는 김일성의 정치적 전술의 일부라고 보는 것이 옳을 것이다. 그 무렵 김일성은 연안파, 소련파 등 여러 세력의 도전을 받고 있었고 그들과 치열한 권력투쟁을 벌이고 있었다. 따라서 그 과정에서 북한 주민들의 지지를 얻는 것이 꼭 필요했기 때문이다.

그리고 그렇게 정치적 필요 때문에 먼저 선언부터 한 다음 급조해서 제공한 의료서비스의 질이 사실은 그다지 높지 못했다는 분석도 있다. 오랜 기간 동안 계획되고 준비된 정책이 아니었기 때문이다. 충분한 시설과 약품으로 뒷받침되지 못하는 의료서비스는 한계가 있을 수밖에 없다. 하지만 어쨌거나 그 무렵부터 적지 않은 수의 북한 주민들이 별도의 부담 없이 병원 문턱을 넘어 전문 의료 인력을 만날 수 있었다는 점만큼은 사실이었고, 그런 점에서 국민 대부분이 어지간히 아파서는 병원에 갈 엄두도 내지 못하던 당시 남한보다는 확실히 앞선 면이 있었다고 할 수 있다. 그때까지 북한과의 체제경쟁에서 의료문제는 남한이 유독 콤플렉스를 가지는 영역이었던 이유가 바로 그것이었다.

물론 1970년대에 들어섰을 때까지도 북한의 그런 선전공세는 이어지고 있었고, 그에 대한 대응논리를 찾는 것은 여전히 박정희 정권에 중요한 과제로 대두되고 있었다. 그런데 1960년대와 달리 그 무렵 박정희 정권은 집권 초기 10여 년 동안 성공적으로 진행된 경제성장의 성과에 대해 자신감을 가지고 있었고, 그럼에도 불구하고 여전히 의료문제에 있어서만큼은 특별한 진전을 만들지 못하고 있었다는 점은 더 시급한 과제로 인식되기 시작했다. 특히 유신체제가 선포되고 남한과 북한 사이에 긴장분위기가 고조되면서부터 더욱 강화되던 북한의 대남선전전과 부쩍 늘어나고 있던 북한의 '삐라'는 큰 골칫거리였다. 예컨대 아픈 아이를 등에 업은 남한의 어머니가 치료비가 없어서 울고 있는 그림을 그려 넣고 '당신의 조국은 어디 있는가'라는 물음을 던지는 대남선전전단은 국가 안보를 명분으로 삼고 있던 유신 정권의 정당성을 충분히 흔들어 놓을 수 있는 내용으로 받아들여졌다. 정부의 예산 투입을 최소화할 수 있는 한에서, 북한의 무상의료 선전 공세에 맞설 수 있는 정도의 의료복지제도를 확충하고 싶었던 박정희 정권의 희망을 이해할 수 있는 맥락이다.

정리하자면, 1970년대 중반에 박정희 정권은 온갖 불법적이고 폭력적인 방법들을 동원해서 헌법을 고치고 노골적인 부정선거까지 불사하며 권력을 연장했지만, 특기였던 경제성장도 한계에 부닥치고 북한과의 체제경쟁까지 어렵게 전개되는 난감한 상황에 처해 있었다. 그렇다고 '먼저 경제성장을 이룬 다음 민주화를 추진하겠다'던 공언처럼 새삼 민주화를 주도할 자신이 있을 리도 없었다. 민주화를 하려면 자유로운 직접선거제도를 도입하지 않을 수 없었고, 정당 활동과 언론이나 시민들의 비판활동도 보장해야만 했다. 하지만 그렇게 된다면 박정희 정권이 유지될 가능성은 전혀 없었다. 그래서 국가의 모든 권력을 대통령에게 집중하고 그에 대한 어떤 비판도 마음대로 처벌할 수 있도록 한 '유신체제'라는 무시무시한 독재 체제를 만들어 권력을 휘두르면서도 대학생과 시민들의 저항을 억누르지 못해 흔들리던 박정희 정권이 국민들을 달래기 위해 내놓았던 정책 중의 하나가 바로 의료보험제도였던 것이다.

하지만 그것만으로 충분한 설명이 되는 것은 아니다. 그렇게 뭔가 국민을 달랠 방법이 필요했고 의료복지를 확충할 필요가 있었던 것이 사실이라고 해도, 그때 하필 박정희 정권이 의료보험제도의 도입을 선택한 이유가 무엇이었는지에 대한 설명이 여전히 필요하기 때문이다. 예컨대 누군가 의료보험제도를 도입하면 확실한 효과를 얻을 수 있다는 점을 알 수 있도록 훌륭한 시범 사례를 보여주었던 것은 아닐까? 특히 정부 입장에서는 많은 예산을 투입한다거나 많은 공무원을 동원하는 큰 수고를 하지 않고 의료보험제도를 도입하는 것만으로도 큰 효과를 얻을 수 있다는 확신을 보여준 이들이 있었던 것은 아닐까? 혹은 정부 안에서 그런 결정을 할 수 있는 어떤 사람들과 연관된, 그래서 직접적으로 영향을 미친 어떤 사람이 있었던 것은 아닐까?

바로 그런 의문들에 대한 답을, 우리는 청십자의료보험조합과 그 설립자인 장기려에게서 찾을 수 있다. 한국에서 최초로 시민들이 자발적으로 모여서 만든 민간 의료보험조합인 청십자의료보험조합이 결성된 것은 의료보험법이 제정되긴 했지만 실질적으로 그 법의 혜택을 받는 국민은 거의 없었던 1968년이었고, 국민의 일부나마 의료보험의 혜택을 경험하기 시작한 1977년보다 9년이나 앞선 시점이었다.

4. 장기려와 청십자의료보험조합

우선 장기려가 어떤 사람이었는지부터 간단히 이야기해보자. 청십자의료보험조합에 관해서만 이야기하더라도 그는 설립자였고, 창설되는 순간부터 해체되는 순간까지 20년간 단 한 명뿐이었던 이사장이었으며, 모든 조합원들의 주치의였고, 모든 조합 임직원들의 정신적인 지주였다. 하지만 그가 그런 역할을 하려 했고 또 결국 해낼 수 있었던 이유는 그의 삶 전체를 살펴봐야만 이해할 수 있다.

하나님과의 약속

장기려는 압록강을 사이에 두고 중국의 단둥(丹東)과 마주보고 있는 서북지역의 접경도시, 평안도 용천에서 태어났다. 부모님이 그의 학업에는 투자를 아끼지 않는 편이었기 때문에 일찍부터 집을 떠나 개성으로 가서 송도고등보통학교(지금의 중고등학교)를 졸업한 뒤 서울로 가서 경성의전(의학전문학교)를 졸업했다. 그리고 의전을 졸업하고 의사 자격을 획득한 뒤에도 백인제 교수 밑에서 조수와 강사로 일하며 연구를 계속했고, 29세가 되던 1940년에 맹장염에 관한 논문을 일본의 명문대학인 나고야제국대학에 제출해 의학박사학위를 취득했다. 나라 안에 의학박사가 10여 명에 불과하던 시절이고, 일본에서도 박사학위를 취득하는 사람이 나올 때는 라디오에서 방송을 해 줄 만큼 귀하던 때였다.

어린 시절 그의 집안 살림은 넉넉한 편이었다. 하지만 그가 멀리 나가서 학교에 다니는 동안에 상황이 바뀌었다. 할아버지 대에 부족함이 없던 살림이 아버지 대에 쪼그라들고 말았던 것이다. 할아버지는 가을마다 쌀 400석을 타작하는 정도의 재산을 가지고 있었고, 직접 마을에 '의성학교'라는 이름의 조그만 소학교를 세웠을 정도로 여유가 있었다. 하지만 장기려 자신이 어린 시절을 회고하면서 '아버지가 별 잘못도 없이 그 400석 지기를 다 날린 것도 하나님 뜻이었다'고 썼을 만큼 갑자기 형편이 기울었다. 고향의 논밭을 판 돈으로 김포에 땅을 사고, 그 땅을 저당 잡혀 빌린 돈으로 다시 서울에도 땅을 사는 거창한 투자를 했다가 자금 회전을 잘못시키는 바람에 저당 잡혔던 땅과 새로 산 땅을 모두 날려버렸던 것이다.

그래서 장기려는 의학전문학교도 당시에 학비가 가장 비쌌던 세브란스 의전 대신 조선총독부에 부속된 일종의 국립학교였던 경성의전을 택해야 했고, 의사면허를 받은 뒤에도 학교에 남아 연구를 계속하면서 받는 적은 봉급으로 10명이나 되는 대가족을 부양하느라 쪼들렸던 기억들을 많이 가지게 되었다. 당시에 세브란스 의전이 1년에 100원의 등록금을 받았던 반면 경성의전은 35원을 냈다고 한다. 그리고 경성의전을 졸업할 때는 90명의 동기 중에서 졸업앨범 값 30원을 내지 못한 유일한 졸업생이 장기려였다고 한다. 어쨌건 그는 간단한 약력 몇 줄에는 드러나지 않는 나름의 어려움들을 하나씩 극복한 끝에 박사학위까지 무사히 취득할 수 있었고, 일약 조선 의학계의 스타가 될 수 있었던 것이었다.

그는 어린 시절에는 공부를 아주 잘하는 편은 아니었다고 스스로 회고한 적이 있다. 중학교를 졸업한 뒤 신의주고등보통학교에 진학하려다가 입학시험에 떨어진 적도 있었고, 송도고등보통학교를 졸업한 뒤에는 원래 만주 땅에 일본이 세운 국립 공업대학인 뤼순공과대학에 진학하려고 했지만 예과 시험에 떨어져서 포기한 적도 있으니 그냥 겸손하려고 한 말은 아니었던 것 같다. 게다가 소학생 시절에는 담배를 피우다가 선생님이기도 했던 사촌 형님에게 들켜서 손바닥을 맞은 적도 있고, 고등보통학교 시절에는 화투에 빠져 2년 정도의 시간을 흘려보냈다고 회상하기도 했다. 하지만 그 사이에 집안 살림이 기우는 것을 겪으면서 기독교 신앙에 좀 더 깊이 빠져들었고, 그 어느 대목에선가 의사가 되어야겠다는 결심을 세우게 됐다.

그래서 나중에 서울의대로 발전하게 되는 경성의전 입학
시험을 보기 전에 '의사가 되게 해주신다면 가난한 사람들도
치료해주도록 하겠다'고 간절히 기도했다고 하는데, 실제로
합격하자 하나님과의 약속이 맺어진 것으로 믿고 자신도 하나
님과의 약속을 지키기 위해 평생 노력하는 삶을 살게 되었다
고 한다. 그래서 경성의전에 합격한 이후로는 공부를 누구보
다도 열심히 했고, 입학 성적은 중위권 이하였지만 졸업만은
수석으로 할 수 있었다고 한다.

　　그는 당시로서는 우리나라에 드물던 일본 명문대학 출신
의 의학박사가 된 뒤 서울에서 자신의 교수 자리를 물려받으
라는 서울의전 시절의 스승 백인제 박사(백병원의 설립자)의
권유마저 물리치고 평양으로 돌아갔다. 일본인들 틈에서 부대
끼는 일에 지쳤기 때문이기도 했지만 오래 떠나있던 가족들
곁으로 돌아가고 싶은 마음도 있었고, 무엇보다도 서울에 비
해서는 훨씬 열악하던 고향 평안도 사람들을 위해 봉사하고
싶은 마음이 있었기 때문이었다. 그래서 평양도립병원으로 가
서 외과과장을 거쳐 원장으로 일하던 중 해방을 맞이했고, 평
양에서 수립된 북한 정부에 의해 중용되기도 했다.

　　그는 북한 정부에 의해 훗날 김일성종합대학 의과대학으
로 바뀌게 되는 평양의과대학 외과학 교수로 임용되었다. 그
리고 그는 빠른 시간 안에 의학대학의 수준을 끌어올린 공로
로 북한 정부로부터 '공화국 제 1호 박사'와 '공화국 모범일

꾼' 칭호를 얻었다. 그것은 그가 의사가 된 뒤로도 8년 동안이나 개업을 미루고 연구에 매달려 박사학위를 취득했을 만큼 이론적으로 뛰어난 의학자였을 뿐 아니라, 독학으로 러시아어를 공부해 당시 북한에 도입되던 소련의 의학서적들을 번역하는 노력을 기울인 덕분이기도 했다.

하지만 해방 전까지 조선을 대표하는 의사의 상징적인 이름이었던 백인제의 제자라는 점, 그리고 나고야제국대학에서 박사학위를 받았다는 점만으로도 장기려의 존재감은 대단했다. 백인제는 해방 전 경성의전의 수많은 일본인 교수들 사이에 단 두 명뿐이었던 조선인 교수 중의 하나였고 나중에 백병원과 인제대학교를 설립하게 되는 인물이기도 했다. 경성의전 학생 시절에 3.1운동에 참가하여 6개월간 옥고를 치른 경력도 있었고, 드물게도 1930년대에 독일과 미국에서 유학한 경험을 가진 독보적인 의학자였다. 그런 백인제의 후계자로 알려진 장기려가 제국대학에서 박사학위를 받았다는 소식은 이미 조선 의학계의 큰 화제였고, '조선 최고의 외과의'라는 타이틀이 자연스럽게 승계된 것도 당연한 일이었다.

수립 초기부터 의사들을 특별히 우대하고 중용하던 북한 정부는 그런 장기려가 마침 서울이 아닌 평양에 머물고 있었다는 점을 대단한 행운으로 받아들이고 있었다. 장기려는 사사건건 '저는 하나님을 믿는 사람이라'라고 밝히며 이런저런 제안을 고사하려고 했지만, 그럴 때마다 북한 정권의 당국자는 '상관없다'며 강권했고 오히려 이런저런 포상까지 내리며 장기려의 환심을 사려 했다. 장기려에 대한 특혜와 대우가 얼마나 대단했던지, 초기부터 적극적으로 북한 정권에 협조하던 한 의사가 장기려를 개인적으로 찾아와서 '출세하는 방법을 좀 알려달라'고 부탁한 적도 있을 정도였다.

하지만 1950년 6월에 발발한 전쟁이 그에게서 모든 것을 빼앗아버리고 말았다. 전쟁을 일으킨 뒤 낙동강까지 밀어붙이며 승승장구하던 북한군은 유엔군이 참전하면서 점점 밀리기 시작했고, 4개월만인 10월에는 반대로 국군이 평양을 장악하게 되었다. 그때 북한군은 너무 다급하게 퇴각하느라 함께 철수시키려던 장기려를 남겨두게 되었고, 장기려는 국군 군의관으로 평양에 들어온 경성의전 후배들의 권유로 국군 부상자들을 치료하는 일을 맡아했다. 그런데 다시 2개월 뒤, 이번에는 중국군의 참전으로 다시 국군이 후퇴하고 북한군이 평양을 되찾는 반전이 일어났는데, 그때 장기려가 국군 차량에 실려 남쪽으로 내려오게 되면서 가족들과 생이별을 하게 되고 말았던 것이다.

그런데 그때 장기려가 남쪽으로 넘어오게 됐던 것이 그의 자발적인 의사에 의한 '자진월남'이었는지 아니면 국군에 의한 강제적 '납치'였는지에 대해서는 1990년대까지도 남북한 사이에 치열한 논쟁이 끊이지 않고 이어졌다. 심지어 북한 정부는 1990년대 초반 미전향장기수의 북한 송환 문제가 활발하게 논의될 때 끈질기게 '장기려도 함께 송환할 것'을 요구하기까지 했다. 논쟁이 그렇게 길게 이어진 것은 무엇보다도 장기려 본인이 그 문제에 대해 확실한 언급을 하지 않았기 때문이다. 물론 그것은 장기려가 도저히 그 문제에 관해 구체적인 언급을 할 수 없는 처지에 놓여있었기 때문이기도 했다. 장기려는 둘째 아들 장가용만 데리고 남쪽으로 내려왔고, 북쪽에는 월남 이후 돌아가신 부모님을 제외하고도 1990년대 초반 시점까지도 아내와 다섯 남매 중 넷이 남아있었다. 따라서 장기려 본인이 '납치'였다고 주장하는 순간 자신과 차남의 처지가 곤란해질 수 있었고 '자진 월남'이었다고 주장하는 순간 북쪽에 남은 가족들의 안전이 보장될 수 없는 몹시 위태로운 상황이었던 것이다.

하지만 다소의 위험한 추측을 포함할 수밖에 없긴 하더라도, 당시의 정황들만을 가지고 추론해보자면 장기려는 아마도 '납치'된 것이 사실에 가깝지 않을까 싶다. 물론 장기려는 북한에 수립됐던 김일성 정권을 지지하는 사람이 아니었고, 사회주의에 관한 신념이나 호감을 가진 사람도 결코 아니었다. 오히려 독실한 기독교 신자였던 그로서는 북한보다는 남한에서의 생활이 훨씬 편안했을 것이 분명해 보인다. 특히 김일성 의대에서 교수를 하던 시절, 비록 그 자신은 특별한 대우를 받았지만 자신이 아끼던 학생들이 기독교 신자라는 이유로 학교에서 쫓겨나는 것을 지켜보면서 염증을 느꼈던 일도 있었고 그들 중 위험을 무릅쓰더라도 남쪽으로 탈출하겠다는 학생들과 의논했던 일도 있었다. 다른 모든 환경들을 고려하지 않을 수 있었다면 장기려가 북쪽보다 남쪽을 택했으리라는 것은 자연스러운 추론이다.

하지만 그렇다고 그가 결국 평생 동안 감수하게 되는 모든 고통을 각오해가면서까지 남쪽을 선택해야 할 이유가 있었던 것 같지는 않다. 그가 단지 남쪽의 체제에 더 친화적이었다는 이유만으로 가족들과 생이별해가면서 혼자 남쪽에서의 삶을 선택했다고 생각하는 것은, 그가 이후에 살아갔던 삶 전체에 비추어보았을 때 아무래도 자연스럽지 못하다. 그에게 가족이란 아주 특별한 의미였기 때문이다.

그가 남한에 내려와 정착한 것은 40대 초반의 비교적 젊은 나이였고, 1953년에 휴전이 성립된 이후로는 재통일의 희망을 품기 어려운 세월이 이어졌다. 특히 뛰어난 의사였던 그에게 적지 않은 유혹과 제안들이 있었음에도 불구하고 그는 오직 북쪽에 두고 온 아내와의 의리를 지키기 위해 끝내 재혼을 거부했다. 그리고 냉전이 한창이던 1980년대의 어느 날에는 독일을 여행하던 중에 다시 볼 수 없게 된 장남이 밟고 지나간 흙이라도 밟아보고 싶어서 금지된 땅이었던 동베를린으로 은밀하게 넘어가 흙을 어루만지며 통곡한 적이 있을 정도로 가족에 대한 애착과 그리움이 강한 사람이었다. 특히 그가 군용 지프에 몸을 싣고 남쪽으로 내려오던 그 순간, 약사였던 그의 장남 택용은 이미 전쟁 초기부터 인민군에 징집되어 군의장교로 복무하고 있었다. 그런 장남과 영영 이별할 각오를 하고, 또는 그 장남에게 치명적인 위협이 될 수 있다는 점을 각오하면서까지 그는 과연 국군과 동행해 남쪽으로 떠나겠다는 결정을 할 수 있었을까?

만약 그가 국군을 따라서 후퇴하지 않고 다시 진입한 북한군의 영향력 안으로 들어가게 된다면 어떤 보복을 당할 수도 있었기 때문이라고 추론해볼 수도 있다. 하지만 사실 그랬을 가능성도 그리 높아 보이지는 않는다. 그는 애초에 북한 정권에서도 중용되었던 적이 있었기 때문이다. 물론 국군이 평양을 장악했을 때 국군에게 협조했다는 점을 추궁당할 수도 있었겠지만, 적군과 아군을 가리지 않고 부상자들을 치료하는 것이 의사의 특수한 본분이라는 점을 설명한다면 큰 문제가 되지 않을 수 있었다. 실제로도 그 점이 별 문제가 되지 않았다는 사실은 장기려가 남쪽으로 넘어온 뒤에도 그의 가족들이 북한 정권에 의해 잘 대우받았다는 사실을 통해서 확인된다. 따라서 그보다는 후퇴하게 된 국군이, 당시 남북한을 통틀어 가장 뛰어난 외과 의사였던 장기려를 우선 확보하고 보자는 생각으로 군용 차량에 실어 남쪽으로 이동시키는 과정에서 벌어진 일이었다고 보는 편이 합리적이고 자연스럽다는 것이 나의 생각이다.

납치와 월남 사이

하지만 장기려가 휴전선 남쪽으로 넘어온 과정이 납치였는지 아니면 탈출이었는지보다 더 중요하게 고려해야 할 것이 있다. 그것은 그렇게 자신의 운명이 결정된 내막에 대해 분명한 말 한 마디조차 마음 놓고 꺼낼 수 없었던 복잡한 사정이 그 뒤로도 40년 이상 장기려의 행동반경을 결정한 환경요인으로 영향을 주었다는 점이다. 그가 자칫 남쪽 혹은 북쪽에 치우친 언행을 한다면 남쪽의 자신이나 북쪽의 가족들 중 한 쪽이 위험해질 수 있는 날카로운 대립의 시대 살았던 특수한 개인사적 배경은 그로 하여금 정치권력이나 경제적 부와는 거리가 먼 행보를 걸을 수밖에 없게 만들었기 때문이다. 그리고 북쪽에 남은 가족들에 대한 그리움과 안타까움은 늘 그의 삶을 긴장시키는 한편 이웃들의 삶을 끊임없이 돌아보게 만드는 중요한 요인으로 작용했기 때문이다.

물론 그의 선한 삶이 단지 어떤 조건에 의해 강요된 것이었다는 이야기를 하려는 것은 아니다. 장기려는 어린 시절부터 베풀기를 즐겼던, 아니 베풀지 않는 것을 견디지 못하는 성정이었던 것으로 전해진다. 걸인을 만나면 가진 것을 털어주고, 벗은 자를 보면 입은 것을 모두 벗어주고 오는 것이 그를 아는 이들이 기억하는 공통된 특징이다. 하지만 이웃을 돕는 일에 왜 그렇게까지 치열하게 삶을 던졌는가를 이해하기 위해서는 그가 원래 가졌던 성정을 아는 것만으로는 부족하다.

"나는, 내가 이곳에서 최선을 다해 불쌍한 이웃을 도우면, 북쪽
에서도 누군가 내 가족들을 불쌍히 여기고 도울 거라고 믿는다."

장기려가 이따금 남쪽의 제자들에게 했던 이 말을 통해
우리는 그런 상황에 놓인, 그토록 가족을 사랑하는 선한 남자
가 그런 삶을 살아가야만 했던 이유를 조금은 더 현실감 있게
이해할 수 있게 된다.

그토록 황망하게 가족과 떨어져 이전까지 아무 연고도 없
었던 남쪽 끝 부산 땅에 내던져진 장기려는 우선 부산에 차려
져있던 제3 육군병원에서 일자리를 얻을 수 있었다. 그리고
전쟁터에서 부상당해 후송된 군인들을 치료하는 일을 맡았다.
하지만 그곳에서 보게 된 피난민들의 비참한 모습을 차마 외
면할 수 없었던 그는 전쟁 중에 그나마 안정된 잠자리와 식사
를 제공하던 육군병원을 얼마 뒤 떠나게 된다. 그리고 육군병
원에서 얻어온 군용 텐트 몇 동을 영도의 한 공터에 쳐 놓고
1951년 7월부터 무료진료를 시작했다.

널빤지를 모아 톱질을 하고 못질을 해서 만든 침상 위에
서 급한 환자의 찢어지고 부러진 자리를 수술하고, 안면이 있
는 의사들을 수소문해 구걸하듯 모은 약으로 하루하루를 넘
기는 고된 병원이었다. 하지만 치료비와 약값 대신 나누어 먹

을 채소와 생선, 사소한 일이라도 나눌 정성으로 찾아와 보답하는 가난한 환자들의 힘으로 병원은 근근이 이어나갔다. 그리고 그 모습을 보고 그냥 지나치지 못한 기독교인과 후배 의사와 후원자들 덕에 조금씩 성장도 할 수 있었다. 예컨대 나중에 거창고등학교의 설립자로 널리 알려지게 되는 전영창은 당시에 돈보다도 더 귀하던 약품들을 구해다 준 사람이었다. 미국에서 유학을 하다가 조국에서 전쟁이 터졌다는 소식을 듣고 돌아온 그가 국제기구들을 찾아다니며 약품을 후원받을 수 있도록 해주지 않았다면 아무리 장기려라고 해도 할 수 있는 일이 별로 없었을 것이다. 그리고 고신파 기독교 지도자 중의 한 사람이었던 한상동 목사는 부산의 여러 교회를 통해 후원을 모아주기도 했고, 기독교인인 미군 장교들을 통해 여러 가지 도움을 줄 수 있는 사람들을 소개해주기도 했다. 한상동 목사가 소개해준 사람들 중 한 사람이 바로 전영창이기도 했다.

하지만 그중에서도 특히 장기려에게 큰 힘이 되어준 사람으로 전종휘가 있었다. 그는 장기려의 경성의전 3년 후배로 역시 수석졸업을 한 인재였다. 해마다 배출되던 60여 명의 졸업생 대부분이 일본인이었고 조선인은 두세 명밖에 되지 않던 시절이었기에 수석의 전통을 이은 조선인 선후배의 인연은 끈끈했다. 장기려의 길을 따라서 백인제 교수의 지도를 받고 박사학위를 받은 뒤 경성의전과 서울의대에 남아 교수로 일하던 전종휘는 그 무렵 피난 온 서울의대를 따라 부산에 와 있었다.

그리고 장기려가 무료진료를 한다는 소식을 듣고 찾아왔다가 차마 그냥 떠나지 못하고 그는 3년 동안이나 복음병원의 내과 의사로서 일하며 장기려와 동행했다. 학생 시절 장기려를 따라 외과를 전공하려던 전종휘는 '너는 내과의사가 돼서 나중에 함께 개업하자'는 장기려의 제안에 따라 내과의사가 됐었다. 그런데 두 사람의 그 낭만적인 계획은 개업병원이 아니라 피난지의 무료진료소에서 이루어졌던 것이다.

어쨌든 그렇게 나뭇조각에 아무렇게나 쓴 '복음병원'이라는 간판을 달았던 그 천막병원은 5년 뒤인 1956년에는 송도에 새 건물을 지어 옮겨갈 수 있었고, 다시 몇 해 뒤에는 평양에서 이전한 고려신학교 재단과 합쳐지고 꾸준히 성장을 거듭해서 오늘날의 고신대학교 의과대학과 간호대학, 그리고 고신의료원으로 발전하게 됐다.

한편 장기려는 1953년에 부산으로 피난을 와있던 서울의대의 교수로 임용되었다. 10여 년 전 고향 평양으로 가겠다며 그가 사양했던 자리로 돌아간 셈이었다. 그런데 전쟁이 끝나고 1년 뒤 서울의대가 다시 서울로 돌아가자 그도 함께 따라가지 않을 수 없게 되었다. 하지만 그는 여전히 천막 신세를 벗어나지 못하고 있던 복음병원을 두고 떠날 수가 없었다. 전쟁은 끝났지만 환자는 줄지 않고 있었다. 전쟁이 끝났다고 해서 가난하고 위험하고 더러운 피난지의 상황이 달라지는 것도 아니었고, 임시로 천막을 치고 판잣집을 지어 비바람을 피하던 피난민들에게 고향으로 돌아갈 길이 생긴 것도 아니었기 때문이다. 그런 상황에서 장기려가 떠난다면 대신해서 그 병원을 지켜줄 사람은 아무도 없었고, 환자들은 다시 길거리로 내몰릴 수밖에 없었다.

장기려로서는 별다른 선택의 여지가 없었다. 비록 먼 길이었지만 자신이 직접 오가면서 대학과 병원의 일을 동시에 해내는 수밖에 없었던 것이다. 상황이 허락하면 서울과 부산에서 한 주씩 머물 수 있었지만, 그렇지 않은 때는 주말에만 잠깐 내려와서 환자들을 돌봐야 할 때도 있었다. 그럴 때면 왕복 22시간이 걸리던 기차 안에서 보내는 시간과 부산에서 환자들을 보면서 보내는 시간이 별 차이가 없을 정도였다.

결국 2년 뒤인 1956년에 장기려는 부산의대 교수로 자리를 옮기며 부산으로 돌아왔다. 서울이 아닌 부산에서도 학생들을 가르칠 수는 있지만 복음병원은 서울보다 부산에 더 필요했기 때문이다. 더구나 그해에는 복음병원이 드디어 천막을 걷고 송도에서의 새 출발을 하게 되면서 원장의 손길이 조금 더 필요한 상황이 만들어지기도 했다. 부산에서 철수하게 된 미군 공병부대가 남은 건축자재들을 복음병원에 기증했고, 부산의 교회들이 헌금을 모아서 그 자재로 건물을 지을 땅을 사주었기 때문이다. 새 건물을 짓기 위해서 무슨 일을 한 것이 아니라, 예상하지 못했던 도움의 손길들이 모여들어 갑자기 건물을 짓게 됐던 것이다. 건물까지 짓고 보니 사람이 필요했고, 사람들이 모이니 좀 더 많은 시간을 병원에서 함께 하며 모든 일을 아우를 원장이 필요했던 것이다. 무엇보다 부산의대는 가까웠고, 그만큼 훨씬 더 많은 시간을 복음병원과 함께 할 수 있었다.

하지만 5년 뒤에는 다시 서울로 가야 할 사정이 생겼고, 밤기차에서의 쪽잠 생활도 다시 시작되었다. 그 무렵 미국 유학을 마치고 돌아와 서울에 자리잡은 후배들이 늘어났는데, 그들에게 새로운 의술을 좀 더 배우고 싶은 욕심이 있었기 때문이다. 당시 미국의 의학기술은 눈부시게 발전하고 있었고, 그 세례를 받고 돌아온 후배들 곁에서 함께 일한다는 것은 장기려로서도 놓치고 싶지 않은 귀중한 배움의 기회였다. 그리고 그런 선진적인 의술을 배운다는 것은 또한 좀 더 많은 환자들을 도울 수 있는 힘을 얻는다는 의미이기도 했다. 실제로 그는 미국에서 돌아온 후배 민병철 교수의 대학원생 수업에 직접 참석해 학생의 자리에서 강의를 듣기도 했을 정도였다.

장기려의 '배우려는 욕심'은 유명했다. 사실 그가 나고야까지 가서 의학박사를 받은 것 역시 학위나 명예에 대한 욕심 때문만은 아니었다. 그는 경성의전에서 배운 의학지식만으로는 도저히 환자들을 살릴 자신이 없었기 때문에 '제대로 된 의사'가 되기 위해 그 이상의 배움을 구했던 것이었다. 그런 그가 미처 경험해보지 못한 미국의 의술에 관심을 가진 것은 아주 자연스러운 일이기도 했다.

물론, 그렇다고 하더라도 새로 배울 것보다는 가르칠 것이 더 많았던 것은 당연했다. 그는 1961년에 다시 서울의대로 돌아가 외과학의 기틀을 잡았고, 1965년에는 정원을 늘리는 등 의학교육에 많은 투자를 시작한 가톨릭의대로 옮겨 새로운 명문 의과대학의 토대를 닦기도 했다. 그 시대의 많은 의대 교수들은 해방 전 4년간 의학전문학교에서 책을 중심으로 공부한 지식만을 가지고 겨우겨우 버티던 형편이었기 때문이다. 그때 복음병원을 함께 이끌어갔던 후배 전종휘와 함께 장기려를 모셔갔던 가톨릭 의대는 오늘날 경성의전의 후신인 서울의대, 세브란스 의전을 이은 연세의대와 더불어 한국의 3대 의과대학으로 꼽히고 있다. 탄탄한 이론적 기반 위에 특히 맹장염과 간암에 대한 풍부한 수술 경험까지 가진 장기려의 가르침이 필요한 곳은 너무나 많았고, 그는 늘 기대 이상의 성과를 만들어냈다.

장기려와 간의 날

장기려는 북한의 평양의과대학(김일성 의과대학)을 시작으로 서울대, 부산대, 가톨릭의대까지 여러 곳을 옮겨다녔기 때문에 한 곳에서 오랫동안 제자들과 인연을 맺지는 못했다. 하지만 짧은 시간이나마 장기려를 만났던 제자들은 그가 가진 환자에 대한 깊은 사랑과 의사로서의 강한 소명의식으로부터 많은 영향을 받았다. 부산의대 대학원에서 가르쳤던 후임 복음병원장 박영훈과 서울의대 시절의 제자로서 한국 법의학의 시조가 된 문국진은 대표적인 인물이다.

　그의 의학적인 성취를 보여주는 대표적인 업적은 대량 간절제수술이다. 장기려는 1943년에 이미 간의 일부에 생긴 종양을 절제하는 수술을 성공시킨 적이 있었는데, 그로부터 16년 뒤인 1959년 2월 24일에는 종양이 번진 간의 70% 가량을 잘라내는 엄청난 수술을 성공시킨 것이다. 당시만 해도 '핏덩어리'로 여겨졌던 간은 출혈을 잡기 어렵고 심장과도 가까워서 수술이 불가능한 장기였다. 그런 간에 종양이 생겼을 경우에는 그냥 통증을 억제하면서 죽음을 기다리는 수밖에 없다고 생각하는 것이 일반적인 상식이었다. 하지만 장기려와 그의 제자들이 꾸준한 연구와 동물실험을 거쳐 실제 수술에 성공함으로써 간암 치료가 시작되게 한 획기적인 성과였다. 그런 까닭에 수술이 성공한 날인 2월 24일은 '간의 날'로 제정되기까지 했는데, 훗날 세계에서 간의 날로 기념하는 10월 20일로 옮겨지긴 했지만 해마다 그 날이 기념하는 첫 번째 이름이 장기려인 것은 변함이 없다. 그리고 그 공로로 1961년에는 대한의학협회 학술상을 받았고, 먼 훗날인 2006년에는 대한민국 과학기술인 명예의 전당에 헌액될 수 있게 하는 중요한 공적으로 인정되었다.

전쟁이 끝난 뒤 복음병원이 새 건물에 둥지를 틀고 유료 진료를 시작한 뒤로는 장기려도 약간의 여유를 가질 수 있었다. 잠깐이지만 서울과 부산을 오가는 피곤함을 벗어날 수 있었고, 복음병원에도 다른 의료진과 직원들이 늘어나면서 직접 챙겨야 하는 일들이 조금씩 줄어들었기 때문이다. 하지만 1959년 9월 전국적으로 1000명 이상의 목숨을 앗아갔던 전설적인 태풍 사라호가 또 한 번 그의 삶에 분기점을 만들었다. 그는 태풍으로 집과 가족을 모두 잃은 채 질병에 시달리면서도 아무런 돌봄을 받지 못하는 이들을 위해 부산기독의사회를 결성했고, 그들과 함께 무료진료활동을 다시 시작했다.

하지만 태풍 이재민을 돌보는 일도 단기간에 끝낼 수 있는 일은 아니었다. 당시의 한국은 여전히 가난했고, 그에 더해 온갖 부조리가 불쌍한 환자들을 양산하고 있었다. 태풍은 집을 쓸어갔을 뿐이지만, 부패한 정치는 다시 일어설 의지를 무너뜨렸다. 정부는 이재민들을 돌보기를 포기했고, 정치가들은 이재민들에 전해져야 할 복구자금을 빼돌렸다. 그런 상황에서 몇몇 의사들의 산발적이고 개인적인 노력은 늘 한계에 봉착할 수밖에 없었다. 그리고 그런 도전과 좌절이 반복되면서 장기려에게는 무력감이 쌓여갔다.

1968년, 후배들과 함께 성경을 공부하던 모임에서 우연히 제안된 아이디어를 통해 청십자의료보험조합을 만든 것은 그런 의미에서 새로운 차원으로 발전한 도전이었다. 한국에서 처음으로 만들어진 민간 의료보험조합인 청십자조합은 그 뒤로 20년 동안 여러 가지 측면에서 큰 성공을 거두었다. 아파도 병원에 갈 수 없었던 가난한 사람들에게 병원의 문턱을 낮추어주었고, 가족 한 사람이 병에 걸리는 순간 아무리 열심히 일해도 모든 것이 무너져내리는 것을 경험하며 자포자기하던 사람들을 일으켜 세웠다. 그러면서도 서로를 돕는 가난한 시민들의 자발적인 힘만으로 버텨내고 성장하면서 정부가 주도하는 의료보험제도의 발전을 자극했으며, 마지막에는 공공의료보험제도로 흡수됨으로써 시대적인 사명을 다했다.

청십자조합이 운영된 20년 동안에도 장기려가 감당한 역할은 한두 가지가 아니었다. 20년 내내 청십자의료보험조합 이사장을 맡은 것 외에 가톨릭의대 교수와 복음병원장의 자리에서도 맡겨진 일들을 꿋꿋이 수행해냈고, 복음병원 부설 간호학교에서도 직접 학생들을 가르쳤다. 그리고 복음병원장에서 물러난 뒤에는 청십자조합 지정병원인 청십자병원을 설립하여 운영했고, 부산아동병원과 부산장애인재활협회를 이끌기도 했다. 그렇게 조금의 남는 힘도 없을 만큼 가난하고 힘없고 아픈 이웃들을 위해 헌신한 그는 평생 그리워하던 북쪽의 가족들을 끝내 만나지 못한 채 1995년 12월 24일 서울 백병원에서 눈을 감았다. 그때 그의 나이 향년 85세였다.

장기려는 이제껏 자선가로서, 혹은 종교적 신념을 실천한 신앙인으로서의 면모를 주로 조명 받아왔다. 하지만 동시에 그는 뜻을 펼치기 위한 조직을 만들고 선두에서 이끌며 '함께' 일을 해나갔던 리더였으며, 그랬기에 한 개인의 힘으로는 불가능했을, 세상을 변화시키는 일들을 해낼 수 있었다.

리더가 된 성자

1968년, 서울의 가톨릭의대 교수로 자리를 옮긴 장기려는 주말마다 기차를 타고 부산에 내려가 복음병원의 환자들을 진료하고 일요일 밤차로 다시 서울로 올라가 대학에 출근하는 생활을 이어가고 있었다. 내려갔다가 올라가는 날은 11시간 동안이나 달리는 기차 안에서 보내야 했기 때문에 충분한 잠을 자기 어려웠고, 그 피로감은 계속 쌓일 수밖에 없었다. 서울의대에 재직하던 시절에도 2년간 같은 생활을 한 적이 있긴 했지만, 그 사이 10년 이상의 나이를 먹어버린 그의 몸이 예전 같지는 않았다. 그 무렵 장기려의 나이도 이미 50대 후반에 접어들고 있었던 것이다. 이미 20여 년째 혼자 가난한 사람들을 치료하는 일과 의학을 연구하는 일, 후배 의료인들을 키워내는 일에 이리 뛰고 저리 뛰며 헌신했던 그가 체력적인 한계를 느끼며 조금씩 지쳐가던 무렵이기도 했다.

　　전쟁이 한창이던 1951년, 장기려가 부산의 영도에 천막을 치고 시작했던 복음병원은 그 당시 기독교의 '예장 고신(예수교 장로회 고려신학)'이라는 교단과 그 교단 소속 신학대학

재단에 편입되어 있었다. 운영을 교회에 맡기고 진료에만 힘을 쏟기 위한 선택이었다. 하지만 그것은 동시에 원장인 장기려 한 사람의 뜻대로 더 이상은 운영될 수 없게 됐다는 뜻이기도 했다.

처음에 돈을 전혀 받지 않고 치료를 해주던 복음병원은, 전쟁이 끝난 이듬해부터는 '감사함'이라는 상자에 저마다 낼 수 있는 만큼의 돈을 넣고 치료를 받도록 하고 있었다. 장기려는 환자들 중 80% 정도는 감사함에 형편껏 치료비를 넣고 갔다고 회상했지만, 실제로 액수가 얼마 되지는 않았다. 다만 장기려와 인연이 있는 의사들이 틈날 때마다 와서 무료로 환자들을 살펴준 덕이 컸고, 치료받은 뒤에도 계속 남아서 일을 거들어준 환자들이나 그들의 가족에게 오히려 신세를 지게 된 일도 드물지 않았다. 대부분 청소를 하고 빨래를 하고 병원의 시설을 돌보는 일들을 맡아주었지만, 개중에는 독학으로 방사선 기사나 약사 자격을 따서 전문적인 기여를 한 이들도 있었다.

하지만 직원이 늘어나고 의료장비들도 조금씩 갖춰지게 되면서 재정적으로 감당이 어려워지는 것은 예측 불가능한 일은 아니었다. 따라서 송도의 새 건물로 옮긴 뒤로는 환자들에게 최소한의 진료비를 받는 정상운영을 하게 된 것은 당연했고, 직종이나 직급과 상관없이 가족 수에 따라 월급을 주던 괴상한 방식도 더 이상은 유지될 수 없었다. 하지만 원장 장기려는 여전히 혼자 무료진료를 하던 시절의 습성을 버리지 못하고 종종 돌출행동을 해서 병원의 운영난을 가중시키고 있었다.

예컨대 영양실조에 걸려서 병원을 찾은 환자의 처방전에 그가 '닭 두 마리 값을 내주시오'라고 써서 창구로 보낸 일화가 있었다. 영양실조에는 별다른 약을 먹는 것보다 닭이나 두 마리 사다가, 아마도 영양 상태가 크게 다르지 않을 가족들과 함께 끓여먹는 것이 더 효과적이라는 이야기였다. 그런 처방전을 들고 나온 환자에게 창구 직원이 정말 닭 두 마리 값을 내주었는지는 알 수 없지만, 아마도 진료비를 제대로 청구할 수는 없었을 것이다. 또는 병이 다 나았는데도 입원비를 낼 방법이 없어 전전긍긍하는 환자에게 한밤중에 찾아가서 '뒷문을 열어놓았으니 몰래 나가라'고 한 이야기도 유명하다. 다른 사람도 아닌 원장이 병원비를 떼먹고 도망치라고 하는 상황을 그 환자가 어떻게 이해했을지, 또 다음 날 아침에서야 병원비가 밀린 환자가 사라지고 없다는 사실을 알게 된 병원 직원들이 어떤 표정을 지었을지도 대략 상상할 수 있다.

물론 장기려가 그 병원의 설립자이고 여전히 원장인 것은 사실이었다. 하지만 복음병원도 종합병원으로 성장한 그 무렵에는 이미 적지 않은 직원의 생계가 걸린 문제가 되어버렸으며, 무엇보다도 재단에 속한 다른 여러 기관들과 마찬가지로 엄격한 규정과 규율에 따라 운영되어야 하는 상황이었다. 장기려도 마음이 착한 것일 뿐 현실감각이 없는 사람은 아니었다. 따라서 아무도 대놓고 말은 하지 않았지만, 병원을 운영하는 이들의 불만이 쌓이고 있다는 것은 장기려도 모를 수가 없었다.

채규철과 청십자조합

장기려는 주변 사람들과 함께 공부하고 생각하고 이야기 나누기를 좋아했다. 그런 모임이 반복되고 오래 지속되는 경우도 많았는데, 그럴 때면 거창한 뜻을 담은 이름을 짓는 다른 사람들과 달리 그냥 '모임'이라고 부르는 것이 장기려의 특징이기도 했다. 그 무렵 부산에서 일하는 의사들과 함께 성경을 읽고 토론하던 모임의 이름 역시 그냥 '부산모임'이었다. 그런데 그 모임이 점점 규모가 커지면서 서울에서 저명한 강사를 모시거나, 다른 지역에서 온 다양한 사람들이 참관인으로 참석하는 일도 늘어갔다.

그런데 하루는 장기려가 그 모임에서 자신의 힘든 사정을 이야기한 적이 있었다. 혼자 천막을 치고 무료진료를 하던 시절보다 병원의 규모가 커져서 더 많은 사람들이 함께하고 있고 훨씬 많은 여유가 생겼지만, 오히려 예전보다도 가난한 사람들에게 도움이 되지 못하는 것 같다는 한탄이었다. 그런데 마침 그 모임에 참관인으로 참석했던 젊은 교육운동가 채규철이 그 이야기를 듣고 자신의 경험담을 들려준 것이 의료보험조합을 구상하는 발단이 되었다. 채규철은 덴마크에서 유학생활을 하던 중에 심한 감기몸살을 앓은 적이 있는데, 그곳 정부의 공공 의료보험제도 덕분에 무료로 치료를 받은 경험을 가지고 있었다. 덴마크의 공공 의료보험은 평소에 조금씩 세금처럼 내는 덴마크 사람들의 보험료로 운영되고 있다는 이야기를 듣고 부러운 마음이 들었다고 했다. 그는 정부의 지원이 없더라도 같은 방식으로 평소에 조합비를 적립했다가 치료가 필요할 때 도움을 주는 방식으로 서로를 도울 수 있을 것이라고 눈이 번쩍 뜨이는 제안을 했다.

　채규철의 이야기를 들은 장기려도 비슷한 기억을 떠올렸다. 장기려가 북쪽에 머물던 시절, 모든 병원을 국유화한 북한 정권이 모든 국민에게 의료서비스를 무료로 제공하도록 하는 정책을 시작했기 때문이다. 그때 평양도립병원장으로 근무하던 장기려 역시 그 사정을 잘 알고 있었다. 하지만 그는 그것이 병원을 비롯한 모든 사회시설을 국가가 소유하고 운영하는 사회주의 특유의 방식이었기에 남한에서는 불가능한 것이라고만 생각하고 있었다. 그리고 북한에서 하는 방식을 모방하는 것은 옳고 그르고를 떠나 무엇이든 금기시되는 것이 그 시대의 분위기이기도 했다. 오죽하면 '북한에서 하늘이 파랗다고 하면 남한에서는 하늘이 파랗다고 해서는 안 된다'는 농담이 있을 정도였다. 하지만 채규철을 통해 사회주의가 아닌 자본주의 국가에서도 비슷한 정책이 이루어지고 있다는 사실을 알게 되었고, 그 장점들 중에서 현실적으로 가능한 것들만 골라 시도해보면 한국에서도 가난한 사람들이 치료받을 수 있는 길을 열 수 있을 거라는 생각이 들었다.

　의료보험조합을 만들어보자는 구상에 많은 이들이 함께 하겠다고 나섰다. 이미 사라호 태풍 이재민 치료활동을 함께 했고 부산기독의사회나 부산모임을 통해 꾸준히 만나고 있던 지역의 의사들, 복음병원의 의료인들, 그리고 장기려가 평양 시절부터 교분을 나누던 함석헌 선생을 통해 만나게 된 젊은 사회운동가들이 먼저 동참했고, 부산 지역 고신파(고려신학교 졸업생들이 목회를 하던 장로회의 교파) 계열의 여러 교회와 기독교인들에게도 소식이 전해지면서 후원자로 참여하겠다는 이들이 늘어났다. 복음병원은 지정 의료기관으로서의 기능을 담당했고, 조합을 결성하고 조합원을 모아서 관리하는 실무는 채규철, 김서민, 조광제 등 젊은 사회운동가들이 나서서 맡았다.

　초창기에 청십자조합의 실무를 총괄했던 채규철과 김서민, 조광제 등은 우선 미국과 서유럽 등 자유주의 국가들의 성공적인 의료보험조합운동 사례를 찾아 검토했다. 혹시 있을지도 모를 '공산주의식 운동조직'이라는 의심과 비난을 피해가기 위해서라도 그것은 중요한 일이었다. 예컨대 그들은 사전조사를 하는 과정에서 미국의 케네디 대통령이 취임식 때 했던 '인류 최대의 적은 공산주의가 아니고 가난과 질병이다'라는 말 한마디를 찾아내고는 그것을 자신들의 의료보험조합 운동의 정당성을 웅변하는 대표적 캐치프레이즈로 활용했다. 장기려나 채규철은 언론사 기자들과 인터뷰를 할 때나 원고청탁을 받아서 조합 설립의 대의를 설명할 때마다 서두에 그 문구를 내걸곤 했던 것이다.

　냉전시대의 한 축을 이끌어나가던 자유세계의 맹주국인 미국의 대통령이며, 특히 쿠바 위기 때 핵전쟁도 마다하지 않겠다는 태도로 강경하게 대응한 끝에 소련의 미사일 배치 시도를 무산시킨 강력한 반공 지도자가 바로 케네디였다. 그런 케네디가 직접 했던 말을 준거로 삼은 활동이라면, 그래서 그 케네디가 공산주의보다도 더 큰 적이라고 지목한 가난과 질병을 이겨내기 위한 일임을 천명한다면 그 누구도 함부로 시비를 걸 수 없을 것이었기 때문이다.

복지는 공산주의가 아니다

그들이 마침내 찾아낸 모범사례는 그래서 미국의 것이었다. 대공황이 막 시작되던 1929년 미국 텍사스 주에서 있었던 일이었다. 적자에 허덕이던 베일러대학병원과 비싼 치료비 때문에 병원에 갈 수 없던 달라스공립학교 교사들이 연계해서 서로의 문제를 함께 해결한 '베일러 플랜(Baylor Cross Plan)'이라는 성공적인 사례였다. 그것은 베일러대학 건강관리센터의 부소장을 맡고 있던 저스틴 킴볼 교수의 아이디어에서 시작된 일이었는데, 내용은 달라스공립학교 교사들이 매달 50센트씩을 선불로 결제하면 1년에 21일까지 무료로 입원치료를 받을 수 있도록 한 협약이었다.

그때 미국에서는 공황이 시작되고 실업자가 늘어나자 환자가 발길을 끊은 병원은 텅텅 빈 채 운영난을 겪고 있었고, 경제가 어려워지면서 안정된 직장을 가진 교사들마저도 병원에 갈 돈마저 아껴야 할 형편이 되어가고 있었다. 모든 사람에게 가장 소중한 것은 건강이지만, 누구나 살림이 어려워지면 제일 먼저 병원비를 아끼게 된다. 그래서 불황이 시작되면 가장 소중한 건강을 잃게 되는 사람들이 늘어나고, 그것은 불황이 끝난 뒤에도 그 사회가 예전의 활력을 빨리 회복할 수 없게 만들곤 한다.

그러던 참에 양쪽을 연결해서 서로의 문제를 해결하자는 킴볼의 아이디어가 나왔던 것이다. 그래서 평소에 조금씩 돈을 내게 함으로써 교사들은 큰 부담없이 건강을 돌볼 수 있었고, 병원은 어차피 비어있던 병실을 채우면서 꾸준히 운영비를 확보할 수 있게 되었다. 각각 어려움에 처해있던 양쪽 모두를 만족시켰던 것이다.

그 성과가 확인되면서 '베일러 플랜'은 달라스 시내의 다른 기업들로 확장되었고, 그 이듬해부터는 같은 방식이 다른 지역으로도 널리 전파되기 시작했다. 그래서 곧 대공황이 미국 전체를 휩쓸고, 수많은 사람들이 생명과 건강을 잃게 되었을 때도 달라스가 비교적 안정을 유지하는 데도 큰 역할을 할 수 있었다.

그래서 그 일은 오늘날 미국 의료보험산업의 시초로 꼽히기도 한다. 하지만 정확히 말하자면, 처음에는 보험보다는 요즘에 흔하게 집할 수 있는 일종의 '공동구매' 방식에 가까웠던 셈이다. 어쨌든 시작은 비록 단순한 아이디어 차원이었다고 해도 그것은 '공급과 수요가 어긋남으로써 발생하는' 공황의 전형적인 문제를 정확히 풀어낸 모범사례라고 할 수도 있었다.

베일러 플랜은 이후 여러 지역으로 확산되고 여러 직장과 병원들이 참여하게 되면서 그것이 처음 시작된 병원의 이름이었던 '베일러' 대신 '청십자 플랜'으로 이름을 바꾸었다. 그리고 얼마 뒤에는 미국 북서부 광산 노동자들의 의료조합에서 발전한 비슷한 성격의 '푸른 방패(Blue Shield)'와 합쳐지고 1994년에 영리기업으로 전환되는 과정을 거쳐서 오늘날에는 1억 명 이상의 가입자를 보유한 BCBS라는 의료보험회사로 성장해있기도 하다.

장기려와 그의 동료들이 청십자 플랜을 주목한 것은, 우선은 그것이 미국의 대표적인 의료보험조직이라는 점, 그리고 '평소에 적은 돈을 내도록 하고 병이 났을 때 저렴한 비용으로 치료받게 한다'는 기본 아이디어 때문이었다. 그래서 그것을 모델로 삼는다는 점을 적극적으로 드러내기로 했고, 이름 역시 그대로 따와서 '청십자의료보험조합'으로 결정했다. 하지만 미국의 청십자 플랜으로부터 어떤 조직적인 지원이나 전수를 받은 것도 아니었고, 그들에게서 특별한 노하우를 배워온 것도 아니었다. 다만 사회주의 국가가 아닌 미국의 거대조직을 모범으로 삼는다는 점을 대외적으로 천명할 수 있다는 사실 자체가 중요했고, 어떤 의미에서는 '미국에서도 하는 일'이라는 방패 뒤에 숨을 수 있다는 가능성이 필요했다.

그들이 '빨갱이로 몰릴 가능성'에 대해 그렇게까지 긴장해야 했던 이유가 있었다. 장기려는 어쨌거나 북한 출신이었고, 북한의 정권과도 관계를 맺은 적이 있는 사람이었다. '김일성대학'의 교수를 지냈고 북한의 '공화국 1호 박사'와 '모범일꾼' 칭호를 받은 적도 있었기 때문이다. 물론 국군의 손에 이끌려 남쪽으로 왔고, 육군병원에서 환자들을 치료했으며, 독실한 기독교인이었던 그의 정치적 신념에 대해서는 더 이상 의심의 여지가 없었다. 하지만, 그럼에도 불구하고 그에 대해 뭔가 크게 오해한 것이 있거나, 그에게 혹시 자신의 이익을 빼앗기기라도 할까봐 불안해하던 어떤 이들이 그를 정보기관에 무고하는 경우가 간혹 있었다. 그리고 그럴 때면 독재정권을 지키느라 비대해져 있던 정보기관에서는 그에게 죄가 없다는 걸 뻔히 알면서도 그를 잡아다가 찔러보는 경우도 간혹 있었다.

단 한 번도 그의 행적에서 문제가 될 만한 것이 드러난 적은 없었다. 그러나 죄 있는 사람들만 벌을 받던 시절이 아니라 누구나 '빨갱이'로 낙인찍히면 쥐도 새도 모르게 끌려가서 목숨을 잃어야 했던 살벌한 냉전의 시대였던지라 당하는 쪽에서는 두려워하고 긴장하지 않을 도리가 없었다. 더구나 독재자들에게 고개 숙이지 않고 저항하던 함석헌과 그 제자들이 깊숙이 개입했다는 점, 그리고 하필 '가난하고 힘없는 자들을 위한 행동'이라면 덮어 놓고 사상을 의심하던 무지한 시대였다는 점을 생각해야 했다. 그래서 이중 삼중의 자기 보호 장치를 마련할 수밖에 없는 것이 그때 장기려와 청십자조합 사람들의 처지였다.

그런 우여곡절을 건너 1968년 5월 13일, 부산 초량동의 복음병원 분원에서 청십자의료보험조합이 결성되었다. 첫 해 조합원 1인당 월 회비는 60원으로 책정되었다. 조합원의 가족들을 피부양자로 분류해 조합원에 준하는 혜택을 주는 직장의료보험조합과 달리, 청십자조합은 모든 개인 단위로 조합원을 모집했다. 그래서 조합비 역시 가족 수에 따라 납부하도록 했다. 조합원들에 대해서는 진료비와 입원비를 할인해주는 것 외에도 분만비와 장례비를 보조했으며, 1년에 한 번씩 복음병원에서 무료로 건강진단을 받을 수 있도록 했다. 그 해 자장면 한 그릇 값이 50원이었고 서울 시내버스 요금은 15원이었다. 그러니까 월 회비 60원은 자장면 한 그릇 먹고 시내버스를 한 번 탈 수 있는 정도의 돈이었다. 2020년대의 가치로 환산했을 때 아무리 넉넉히 잡아도 1만 원에 한참 못 미치는 가치를 가진 적은 돈이었던 셈이다.

맨 처음 조합원으로 가입한 것은 복음병원 직원들과 부산

지역 23개 교회의 교인을 중심으로 한 723명이었다. 조합의 캐치프레이즈는 '건강할 때 이웃 돕고 병났을 때 도움받자'였다. 그것이 뜻하는 것은 '건강할 때 준비해서 병났을 때 치료받자'는 것이 아니었다. 장기려와 그의 동료들이 조합원들에게 이야기하고 싶었던 것은 '당신의 미래를 대비하라'는 것이 아니라 '이웃을 도우라. 그러면 이웃도 너희를 도울 것이다'였다는 것이다. 이것은 청십자조합의 본보기로 삼은 미국의 청십자플랜보다도 훨씬 훌륭한 점이었다. 모든 인간이 가지는 미래에 대한 불안과 이기적인 걱정이 아니라, 어려운 가운데 이웃의 고통을 직시하고 공감하며, 서로 도와서 이겨나갈 수 있다는 믿음을 가지길 원한 것이야말로 청십자조합의 정신이었기 때문이다.

그렇게 사랑과 믿음의 결심으로 모인 723명 중 상징적인 의미를 가지는 조합직원 번호 1번과 가입자 번호 1번은 각각 장기려와 함석헌에게 부여되었다. 첫 달 조합재정으로 확보된 것은 4만 2천 원이었다. 723명이 60원씩 내면 43380원이 돼야 했지만, 추측하건대 첫 달부터 20여 명의 보험료가 '미수'되었던 것이 아닌가 싶다. 어쨌거나 그렇게 초라한 첫 발을 뗀 청십자조합은 한국에서 기업이나 정부와 무관하게 민간인들이 자발적으로 조직한 첫 번째 의료보험조합이었다.

혜택을 사양한 조합원들

설립 작업을 모두 마쳤을 때, 청십자의료보험조합 식구들 사이에는 낙관적인 분위기가 넘치고 있었다. 누구나 새로운 일을 시작할 때면 막연하게 품게 되는, 근거 없는 핑크빛 망상이라고만은 할 수 없었다. 최소한 그 이전보다 나빠질 것은 없다고 생각했기 때문이다.

어차피 장기려는 여러 해 동안 한 푼의 돈도 받지 않고 환자를 돌봐온 의사였고 복음병원 역시 그 과정에서 태어나고 성장한 곳이었다. 정상진료를 시작한 이후에도 진료비와 입원비를 끝내 내지 못한 환자가 부지기수였기 때문에 '의사'라는 이름에 걸맞은 경제적 보상에 대한 기대는 애초에 접은 의사들이 여럿 버티고 있었다. 또한 조합의 실무를 맡기로 한 젊은이들 역시 가난한 이웃들을 위해 헌신하고자 하는 열정에 넘칠 뿐이었지 돈 한 푼이라도 생길 것을 기대하고 달려든 이는 아무도 없었다. 그런데 적게라도 조합비가 모인다고 하지 않는가. 이전보다 좋아질 일만 남았을 뿐 나빠질 것은 전혀 없다는 계산이 낙관의 근거였다. 따라서 회원 수를 더 많이 늘려서 충분한 조합비를 적립하기만 하면 치료하지 못할 병이 없고 해결하지 못할 문제가 없을 것 같았다.

그런데 그런 낙관이 산산조각나는 데는 채 며칠도 걸리지 않았다. 첫 달에 모인 조합비 전액인 4만 2천 원이 공교롭게도 복음병원에 근무하던 의사와 서무과 직원 자녀의 이질 치료비로 지출되면서 모두 사라져버리고 말았던 것이다. 그 사실이 조합원들에게 알려지고 조합 밖으로 전해진다면 비웃음을 살 일이었고 어쩌면 집단 탈퇴사태를 겪을 수도 있는 일이었다. 말하자면 청십자조합은 출범 일주일 만에 기금 고갈 상태에 빠져버린 셈이었다. 이 사건은 그만큼 청십자조합의 조합비가 비현실적으로 낮은 것이었고, 그 때문에 초창기 조합의 재정과 기반이 부실할 수밖에 없었음을 보여준다.

'가난한 사람들도 치료받을 수 있게 하자'는 명분에만 매달린 채 '무료로 진료할 때보다는 조금씩이라도 조합비를 걷는 쪽이 훨씬 안정적일 것'이라는 막연한 기대로 지나치게 낮은 조합비를 책정한 것이 근본적인 문제였다. 그리고 700여 명의 적은 조합원 규모로는 도저히 보험의 이점을 살릴 수 없다는 점을 확인하는 계기이기도 했다. 적은 조합비라도 내는 회원의 수가 아주 많아진다면 위험이 분산되는 효과를 기대할 수 있었지만, 700명에 불과한 회원만으로는 턱없이 부족했던 것이다.

문제를 해결하기 위해서는 여러 가지 조치가 필요했지만, 당장 할 수 있는 일은 아무것도 없었다. 그때 장기려는 청십자조합 가입자들 중에서 자신이 원장으로 있던 복음병원 직원들을 모아놓고 '재정적 안정성이 확보될 때까지, 당분간 우리는 조합비만 내고 혜택은 받지 말자'고 호소했다.

"사실 말도 안 되는 얘기지요. 돈은 내는데 치료비 할인은 받지 말라니. 하지만 (장기려) 원장님이 직접 직원들에게 그렇게 사정을 설명하면서 부탁을 하는데 어떻게 하겠습니까? 그 뒤로는 한동안 직원들이나 가족들 중에 병이 생기더라도 조합에 알리는 사람이 아무도 없었어요. 그냥 각자 자기 돈으로 알아서 치료를 받은 것이지."(정기상. 당시 복음병원 사무처장)

정기상은 처음엔 환자로서 의사 장기려와 인연을 맺은 사람이었다. 경남 하동의 정미소에서 일하던 그는 어느 날 갑자기 무릎과 골반의 관절이 굳어서 걸을 수 없는 병에 걸린 것을 알게 되었다. 그리고 백방으로 그 병을 치료할 방법을 찾던 중에 장기려라는 명의가 있다는 소문을 듣고 부산까지 찾아가서 수술을 받았던 것이다. 그리고 수술을 받은 뒤 3개월 동안은 걸을 수도 없고 집으로 돌아가도 특별히 돌봐줄 가족도 없었기 때문에 그는 복음병원에 입원한 채 치료를 받기로 했다. 그런데 그 사이에 많이 회복되어 걸을 수 있게 되자 고마운 마음에서 병원의 작은 일들을 돕다가, 마침 방사선 기계가 고장나서 병원 직원들이 애를 먹는 모습을 보고 나서서 고친 적이 있었다. 정미소에서 여러 가지 기계를 고치던 실력을 발휘했던 것인데, 그 일이 인연이 되어 계속 머물면서 심심풀이 삼아 이런저런 고장난 기계들을 고치다 보니 어느 날 장기려가 월급을 주더라는 것이다.

"그저 밥먹고 잠자고, 그렇게 내 집 일 하듯 2년쯤 살았더니, 어느 날 박사님이 월급을 주시더라고요. 그 월급을 받고서 '아, 내가 이 병원의 직원이 됐구나' 생각했습니다."(정기상. 당시 복음병원 사무처장)

그 뒤로 정기상은 병원 안의 모든 기계를 고치는 일부터 시작해서 그 기계를 작동시켜서 환자를 검사하는 일 등 조금씩 더 많은 일을 하게 됐고, 결국에는 복음병원의 모든 살림을 맡게 됐다. 그래서 결국에는 장기려가 조금도 관심을 두지 않았던, 돈을 챙기고 모아서 병원의 명맥을 이어나가는 일까지 챙겼던 것이 바로 그였다. 병원 운영에 대해서는 아무런 관심도 없는 원장을 모시고 그나마 병원을 유지하기 위해 스스로 악역을 맡아 온갖 궂은일을 다 해야 했던 사람이었던 셈이다. 하지만 겉으로 드러나지 않는 그의 숨은 역할이 없었다면 복음병원은 몇 년을 넘기지 못한 채 문을 닫았을 것이고, 장기려의 노력도 청십자조합 결성의 단계까지 도달하기 어려웠을 가능성이 아주 크다.

그런 정기상의 말처럼, 조합비만 내고 혜택은 받지 말자는 건 말이 안 되는 이야기였다. 하지만 이를 반박하거나 거부하고 나선 사람은 아무도 없었다. 조합 실무자들은 물론이거니와 가입자들 중에서도 스스로 '형편이 되는' 이들은 최대한 조합에 부담을 지우지 않는 방법을 찾으려 혜택을 사양하기도 했다는 얘기다. 그리고 그런 이타적이고 희생적인 행동들이야 말로 조합 초창기의 재정적인 어려움을 극복할 수 있었던 중요한 원인이었음을 보여주는 대목이다.

특히 이 부분은 의료보험조합운동의 역사에서 아주 중요한 의미를 가진다. 국내외의 많은 민간 의료보험조합들이 경험하는 가장 흔하고 심각한 문제들 중 하나로 꼽히는 것이 바로 일종의 도덕적 해이 현상인 '역선택' 문제이기 때문이다. 즉, 건강한 사람들은 조합 가입을 꺼리는 반면 질병을 가지게 될 가능성이 높은 환경을 가졌거나 혹은 이미 질병을 가진 사람들이 그 질병을 속인 채 조합에 가입하는 경향이 높아서 수입은 적어지고 지출은 늘어나게 되어 재정과 운영의 불안 요인으로 작용한다는 것이다. 하지만 청십자조합은 임직원과 실무자, 혹은 초기 가입자들이 앞장서서 희생하는 모습을 보임으로써 그런 문제를 피해갈 수 있었던 것이다.

조합비를 올리지 않기 위하여

당연한 말이지만, 그런 희생과 양보만으로 조합의 재정문제가 해결될 수 있는 것은 아니었다. 그 문제는 구조적인 원인을 가진 청십자조합의 고질이었기 때문이다. 따라서 가능한 해법은 두 가지였다. 조합비를 올리는 것과 회원 수를 늘리는 것. 아니 정확히는 한 가지였다. 조합비를 올리면서 동시에 회원 수도 늘리는 것. 하지만 장기려를 비롯한 청십자조합 실무자들은 '조합비 인상'이라는 대안을 끝내 꺼내고 싶지 않았다. 따라서 그들은 조합원을 아주 많이 늘리고, 직원들이 조금 더 허리띠를 졸라매는 것으로써 문제를 극복하는 방법에 더욱 매달릴 수밖에 없었다. 초기에 조합 실무자들이 사무실보다는 거리에서 근무하는 시간이 더 많았던 것은 바로 그 때문이었다.

"지금처럼 인터넷뱅킹이 있는 것도 아니고 전화가 있거나 한 것도 아니었으니까. 조합원들을 모으기 위해서도 그렇지만 기존에 가입한 조합원들을 관리하기 위해서도 실무자들이 직접 다닐 수밖에 없었어요. 그래서 매일 산동네로 다니면서 조합원들 만나서 조합비도 걷고, 또 건강이라든가 여러 가지 상태도 확인하고. 그렇게 몇 군데 다니면서 가입 권유도 하고 하다 보면 정말 신발 밑창이 금방금방 떨어져버리더라고."(김서민. 당시 청십자조합 사무국장)

김서민은 평안도 출신으로 역시 함석헌의 가르침을 받은 무교회주의 기독교인이었다. 그는 특히 전쟁 중에 결핵에 걸려 여러 해 동안 고생한 경험이 있었다. 그때는 결핵이 회복되기 어려운 큰 병이기도 했지만, 치료하고 요양하는 데 많은 돈이 필요한 병이기도 했다. 가난한 피난민이었던 그가 그 병을 이겨내기까지 많은 어려움을 겪을 수밖에 없었던 이유였다.

간신히 몸을 추스른 뒤 부산모임에 함께하던 그가 의료보험조합을 만들기로 하자 누구보다도 열정적으로 참여한 것은 그런 경험 때문이기도 했다. 자신이 겪어서 잘 알고 있는 고통을 해결하는 일에 앞장서고 싶었던 것이다. 그래서 그는 청십자조합이 처음 만들어질 때부터 회원을 모으고 관리하고 조합 살림을 챙기는 가장 바쁘고 힘든 일을 도맡아 했다. 그는 청십자조합에 가장 많은 신발 밑창을 바친 사람이었다.

조합 실무자들은 직접 부산 곳곳의 산동네와 교회 등을 누비며 조합 가입을 권유하고, 가입자와 교류하면서 '면 대면' 방식으로 관리했다. 그리고 그들의 그런 노력과 정성은 느리지만 단단한 결과로 돌아왔다. 조합원은 꾸준히 늘어났고, 탈퇴자는 실무자들이 별로 기억하지 못할 만큼 드물었다. 청십자조합은 구성원들의 그런 피땀어린 노력으로 기초를 다졌고, 그렇게 지켜진 조합원들의 신뢰 위에서 성장의 동력을 축적했다.

사실 청십자조합이 조합원을 열심히 늘렸다고 해서 재정 문제가 해소되어간 것은 아니었다. 조합비가 너무 낮았기 때문에 조합원이 늘어날수록 적자폭이 오히려 더 커지는 문제가 나타나기도 했다. 예컨대 1971년의 적자는 백만 원이었고, 1973년의 적자는 3백만 원까지 늘어났다. 예전에는 애초에 적자인 줄 모르고 감수하던 것들이 집계되고 늘어나서 눈에 보이기 시작하자 사람들은 오히려 불안해졌다. 하지만 조합원이 계속 늘고, 그들을 어떻게든 책임져냈기 때문에 또 다른 기회들을 얻을 수 있었다.

조합을 결성한 이듬해인 1969년에는 스웨덴 아동구호기금의 후원을 받아서 결성했던 부산 지역의 또 다른 의료협동조합과 통합하기로 하면서 조합원과 후원금을 함께 보탤 수 있었다. 그리고 1975년에는 부산시가 5천 명의 영세민을 가입자로 연결해준 덕분에 가입자 수가 단숨에 1만 명을 넘어 14,000명까지 늘어났고, 비로소 최소한의 재정적 안정성을 확보할 수 있었다. 특히 1974년에는 정부가 청십자의료보험조합을 공식적으로 인정하고 극빈층이 내는 조합비의 1/3 가량을 보조해주기로 하는 경사도 있었다. 회원들이 매달 280원씩의 회비를 내면 정부에서도 177원씩을 보태주는 방식이었다. 무려 7년간 고군분투하며 버텨낸 청십자조합에 정부로부터 처음으로 전해진 구원의 손길이었다. 복음병원 2대 원장을 지낸 박영훈은 이렇게 구술했다.

"물론 그렇다고 해서 안정적으로 흑자가 났다거나 뭐 그럴 수는 없지. 적자가 날 수밖에 없는데, 결국 그 적자라는 게 대부분은 지정 의료기관인 복음병원에 대한 부채로 나타나는 거거든. 조합원들이 오면 복음병원에서는 치료를 해줄 수밖에 없는 건데, 청십자조합에서 복음병원에 그만큼 결제를 해줄 수가 없는 거니까. 그럼 결국 연말에는 복음병원이 그걸 탕감해주고 또 탕감

해주고 하는 방식으로 떠안는 수밖에 없었던 거지."(박영훈. 복음병원 2대 원장)

하지만 장기려의 관심은 조합의 재정을 안정화하는 쪽보다는 온통 조합원들의 혜택을 늘리는 쪽에만 쏠려 있었다. 대부분 복음병원을 비롯한 조합의 지정병원들이 손해를 감수해준 덕분에 생긴 착시 때문이긴 했지만 그나마 약간의 재정적 여유가 생기자 장기려는 조합원들의 입원비에 대한 할인율을 40%에서 50%로 높이며 조합원들의 혜택을 더 높이려고 했던 것이다. 여러 해 동안 적자가 이어지다가 간신히 약간의 흑자가 났다면 우선 그간 쌓인 빚부터 해결하는 것이 당연하다고 할 수 있다. 하지만 장기려는 이제껏 쌓인 문제들은 잊고 당장 생긴 흑자를 조합원들에게 돌려주려 한 셈이었다.

퇴직금은 없었다

이런 조치에 대해 조합 임직원들과 복음병원 측도 당시에 뚜렷하게 반대를 했던 것은 아니다. 하지만 그렇게 지나칠 정도로 가입자의 혜택을 높이는 데만 치우쳤던 운영은 얼마 뒤 장기려와 복음병원 사이에 약간의 갈등이 빚어지는 이유가 되기도 했다. 몇 년 뒤 재단 이사장과 갈등을 겪던 장기려가 결국 복음병원장 직에서 물러나야 하는 상황이 왔을 때였다. 당시

이사장 측에서는 재단의 규정을 벗어난 방식으로 복음병원 측에 손해를 끼친 일에 대해 책임을 물으려 했고, 결국 청십자조합 때문에 발생했던 병원의 적자 분 일부를 장기려의 퇴직금에서 공제한 것으로 처리해 단 한 푼의 퇴직금도 지급하지 않았던 것이다.

"복음병원장 자리에서 물러나시게 됐던 날 밤이었어요. 원장님이 퇴직금을 좀 찾아오라고 하셨어요. 이제 복음병원을 나가면 청십자조합원들을 예전처럼 진료하기 어려울 수도 있으니까, 퇴직금을 보태서 조그만 병원을 하나 내야겠다고 하시면서요. 그런데 다음 날 서무과에 가서 원장님 퇴직금을 달라고 했더니, 없다는 거예요. 청십자조합에서 밀린 외상을 원장님 퇴직금으로 채웠다고. 그래서 제가 화가 나서 그런 법이 어디 있느냐고 소리를 지르고 책상을 막 뒤집어엎었죠. 그랬더니 그 소리를 듣고 오셨는지 원장님이 뒤에서 저를 잡고 말리시더라고요. '없다는데 어쩌겠니. 그만 가자' 하시면서. 제가 어떻게 이럴 수가 있느냐고 막 울면서 소리를 질렀는데… 그때 저를 잡아서 끌던 원장님 얼굴에서도 안경 밑으로 눈물이 주르륵 흐르는 것을 봤습니다. 그 눈물을 보고 제가 더 어떻게 할 수가 없더군요."(손동길. 당시 복음병원 마취기사. 전 양산 삼성병원 이사장)

손동길은 복음병원의 마취기사였다. 하지만 원장을 모시

는 직원이 아니라 아들처럼 장기려를 따른 사람이었다. 그것은 손동길의 큰아버지이기도 했던, 평양의 유명한 기독교 지도자였던 손양원 목사가 장기려를 소개하고 잘 따르도록 권한 인연 때문이기도 했다. 실제로 손동길은 밤낮없이 장기려를 따르며 온갖 자잘한 일들을 대신했고, 그래서 주위 사람들로부터 '장기려의 막내아들'이라는 별명으로 불리기도 했을 정도였다. 손동길이 기억하는 장기려의 은퇴는 그렇듯 서러운 순간이었다.

그렇게 쫓겨나듯 떠나야 했지만, 장기려는 복음병원을 원망하지 않았다. 그리고 복음병원도 더 이상 장기려를 밀어내지는 않았다. 청십자조합 지정병원의 업무도 거부하지 않았고, 훗날 더는 진료활동을 할 수 없게 된 장기려를 위해 초라하나마 숙소를 마련해준 것도 복음병원이었다.

1975년 여름, 퇴직금은 없었지만 주변 사람들이 한푼 두푼 모은 돈으로 장기려는 부산진에 작은 병원 하나를 냈다. 100평 정도의 땅을 사서 2층짜리 건물을 짓는데 그때 돈으로 5천만 원 정도가 필요했다. 소식을 들은 스웨덴 아동구호연맹에서 그중 절반의 돈을 보내왔다. 스웨덴 아동구호연맹은 원래 김영환이라는 사회운동가를 통해서 나름대로 부산의료협동조합의 설립을 지원하고 있었는데, 1969년에 그 조합이 청십자조합과 통합을 하게 된 뒤로는 청십자조합에 관심을 가지고 꾸준히 후원금을 보내오고 있었다. 그 덕분에 새 병원을 짓는 계획이 본격적으로 추진되기 시작하자 조합원들과 교인들이 성금과 헌금을 조금씩 보내왔고 거기에 조합비를 보태서 마침내 완공할 수 있었다. 이름은 조합의 이름을 그대로 따서 청십자병원으로 지었다.

　그 무렵엔 청십자조합의 지정병원도 조금씩 늘어나고 있었기 때문에 조합원들은 각자 가까운 병원을 이용할 수 있었다. 하지만 그래도 가장 많은 조합원들이 찾는 곳이 복음병원이었던 것은 '우리 병원'이라는 생각 때문이었다. 그런데 이제 청십자조합원들이 동네 사랑방처럼 마음 편하게 이용할 수 있는 곳이 두 개로 늘어난 셈이었다. 조합원들은 아플 때만 청십자병원을 찾는 것이 아니었다. 그냥 장기려의 얼굴을 보기 위해서도 찾아왔고, 무언가를 하소연하거나 자랑하고 싶을 때도 찾아왔으며, 그곳에서 일하는 직원이나 치료를 받으러 찾아온 다른 조합원들에게 조금이라도 나누어줄 것이 있을 때도 찾아왔다.

　그런 크고 작은 변동들 속에서도 청십자조합은 끝내 무너지지 않고 조금씩 성장해나갔다. 청십자조합의 임직원과 실무자들은 거의 없거나 형식적인 활동비 정도를 받으면서, '신발 한 켤레가 며칠 만에 닳도록' 발로 뛰며 헌신적으로 활동했다. 그 결과 1973년 기준으로 조합의 연간 지출액 중 사무와 회의, 공보 등 '사업비'가 차지하는 비중이 7%에 불과할 정도로 알뜰하게 살림했고, 그만큼 조합원들은 더 많은 혜택을 받을 수 있었다.

그런 사실들이 계속 알려지면서 가입자 수는 꾸준히 늘어났다. 1975년에 2만 명을 넘어섰고 1981년에는 4만 명을 넘어선 뒤 1983년에 10만 명에 도달했다. 그래서 1981년에 처음으로 동래지부를 개설한 것을 시작으로 헤마다 한 개씩 지부를 늘려서 1985년에는 모두 5개의 지부를 설치하게 됐다. 그리고 그런 지속적인 성장세는 이어져서 결국 청십자조합 역사의 마지막 해가 된 1988년까지는 234,000명에 이르는 가입자를 확보한 거대한 조직으로 성장할 수 있었다. 그 20년 동안 부산에서 청십자조합의 보험 혜택을 받은 진료 연인원은 모두 788만 명에 달했다.

물론 고비가 없는 것은 아니었다. 1977년에 의료보험법이 개정되면서 500인 이상의 사업장들이 의무적으로 의료보험조합을 결성하게 되고 2년 뒤인 1979년에는 그 기준이 300인까지 내려가면서 청십자조합원들 중에서도 그런 기준에 해당하는 직장에 다니던 사람들이 나오게 됐던 것이다. 그래서 조합 결성 이후 처음으로 집단 탈퇴 사례들이 나왔고, 의료보험법이 개정되어 의무가입 범위가 확대될 때마다 비슷한 일이 반복되기도 했다. 하지만 그런 감소분을 메우고도 남을 만큼 더 많은 가입자들이 생겨났고, 조합원의 규모는 한 해도 줄지 않고 꾸준히 성장했다.

그리고 병원에 재정적인 도움을 별로 주지 못하는 일임에도 불구하고 취지에 공감해 지정 의료기관으로 가입해 조합원들을 진료해준 병원이나 의원의 수도 늘어났다. 1980년대 초반에 이미 100개를 넘어섰고, 마지막에는 150여 개에 이르렀다. 최소한 부산에서만큼은 시민들의 자발적인 힘과 서로를 돕겠다는 작은 정성만으로도 병원의 문턱을 없앨 수 있다는 사실을 충분히 입증했던 것이다.

물론 그것이 부산에서만 이루어진 일은 아니었다. 청십자조합의 성공적인 운영에 대한 소식이 전해지면서 다른 지역에서도 비슷한 움직임들이 이어졌다. 대표적으로 1970년에는 서울에서 '청십자한국의료협동조합'이 결성되었고 1972년에는 광주, 인천, 수원, 제주, 대구, 대전, 전주에서, 1973년에는 전북 옥구와 강원도 춘성과 춘천에서도 청십자의료보험조합이 결성되었다. 각자 독립적으로 결성하고 운영하는 조합들이었지만 부산에서 시작된 청십자조합의 취지와 방식을 따르기 위해 '청십자'라는 이름을 함께 사용하는 형제조합들이었다. 그렇게 전국적으로 번져가는 모습을 언론에서는 '청십자운동'이라고 불렀고, 정부에서도 그런 움직임을 주목하지 않을 수 없게 됐다. 그래서 1974년에는 춘성, 춘천, 백령, 거제, 영동 등에서 결성된 청십자조합을 부산 청십자조합과 마찬가지로 정부가 공식적으로 인정해서 일부의 조합비를 예산에서 보조해주기도 했다.

모두를 위한 의료

20여 년의 역사가 쌓이고, 회원의 규모가 꾸준히 늘면서 조합 운영의 노하우도 함께 축적됐다. 특히 청십자조합 직원들은 조합을 조금이라도 더 효율적으로 운영하고 관리하기 위해 꾸준한 연구를 지속했고, 그 결과 조합원들이 참여해서 해마다 운영비와 보험료를 다시 산출하는 민주적인 운영방식을 개발해냈다. 조합원 100명당 1명의 대의원을 선출해서 구성하는 대의원회의는 해마다 예산과 운영에 관한 보고를 받고 그것을 토대로 다음 해의 예산을 결정하는 데 핵심적으로 참여했으며, 그 모든 과정과 근거는 총회를 통해 모든 조합원들에게 공유되었다. 그때까지 한국인들이 어디에서도 경험해보지 못한 완벽한 민주주의의 구현이었다.

그 결과 조합의 재정이 넉넉해지면 그만큼 조합원에게 돌아가는 혜택도 늘어났기 때문에 조합원의 외래진료비는 무료였던 해도 있고 20%나 30% 선으로 올라가는 해도 있었다. 물론 재정적인 어려움을 겪는 때도 있었고 어쩔 수 없이 조합원들이 받는 혜택을 줄여야 하는 해도 있었다. 하지만 그 모든 과정이 투명하게 공개되고 소통되었으며 모든 진행 과정에 대한 깊은 신뢰가 형성되어 있었기 때문에 조합 실무자와 조합원들 사이에 갈등이 빚어지거나 조합원이 이탈하는 경우는 거의 생기지 않았다.

1989년에 정부가 주도하는 전 국민 의료보험 시대가 열리면서 청십자조합의 역사적 사명은 모두 완수됐다. 더 잘할 수 있는 사람이 나타나면 미련없이 넘기고 떠나는 것이 장기려의 방식이었다. 더구나 정부가 직접 의료보험제도 운영에 나선다는 것은 장기려와 그의 동료들이 오래도록 바라온 일이기도 했다. 다만 이미 작지 않은 몸집을 가지게 된 청십자조합을 그냥 없앤다는 것도 쉽게 결정할 수 있는 일은 아니었다. 그곳은 이미 적지 않은 직원들의 일터였으며, 조합원들에게도 단순히 치료비를 할인받는 방편을 넘어서는 공동체였기 때문이다.

하지만 장기려와 청십자조합 임원들은 과감하게 '해체'를 결정했다. 처음부터 청십자조합이 목표로 삼은 것은 '모두를 위한 의료'였지 '남다른 혜택'은 아니었기 때문이다. 그 시점에 청십자조합이 보유하고 있던 자산은 234,000명의 조합원과 30억 원의 적립금, 그리고 63명의 직원이었다. 그들은 그 모든 자산과 기록들을 지역 의료보험조합에 아낌없이 넘겼다. 그때 의료보험조합 운영에 관한 국내 최고의 전문가들이라고 할 수 있을 63명의 직원 중 단 한 명을 제외한 62명이 지역 의료보험조합으로 자리를 옮겨 그대로 일하기로 했기 때문에 사실상 모든 경험과 노하우까지 공적 의료보험제도 영역으로 이어지고 전수되었다고 할 수 있다.

청십자조합의 의미

청십자조합이 한국의 공공 의료보험제도에 미친 영향은 몇 마디로 모두 설명할 수 없을 만큼 넓고 깊다. 하지만 그중에서도 가장 구체적인 것들 몇 가지를 추려본다면 이런 정도가 될 것 같다.

첫째, 조합의 모든 자산과 기록과 인력들이 부산의 지역 의료보험조합으로 승계됨으로써 실질적인 전수가 이루어졌다는 점이다. 앞에서 설명했듯이 청십자조합은 모든 국민이 의료보험조합 가입대상으로 확대된 1989년에 해산과 동시에 모든 것을 부산지역의료보험조합으로 넘겼다. 그리고 그것은 아직 준비가 부족했던 의료보험공단이 무리없이 직무를 수행할 수 있는 바탕이 되었다. 특히 1990년대 초중반까지도 부산은 늘 전국에서 지역 의료보험조합이 가장 잘 조직되고 운영되는 곳으로 꼽히곤 했는데, 그것은 무엇보다도 청십자조합의 조직과 운영 노하우를 그대로 이어갈 수 있었기 때문이었다.

둘째, 정부가 의료보험제도를 발전시키고 확장시킬 때마다 늘 청십자조합의 운영 사례들을 분석해서 참고했으며, 그런 과정에서 많은 성공과 시행착오의 경험들이 정리되고 공유되었다는 점이다. 예컨대 의료보험법 2차 개정이 이루어지기 한 해 전인 1975년 4월에 대한병원협회가 주최한 전국 89개 병원장과 관련 학자들이 모인 '의료제도의 전망과 의사 수급'

이라는 세미나가 있었다. 그 세미나는 의료보험제도의 본격적인 시행을 위해 의료계의 의견을 종합하는 중요한 계기였고, 따라서 정부와 병원과 의사들을 대표하는 많은 이들이 참석해 진지한 토론을 벌인 행사였다. 그런데 그 자리에서 발표된 모범사례는 부산의 사례를 본받아 전라북도 옥구에서 만든 옥구 청십자조합이었고, 의학박사로서 보건사회부 장관을 지낸 뒤 보건사회위원회 소속으로 의료보험법 개정을 주도하던 국회 의원 정희섭은 그 자리에서 부산 청십자조합의 성공사례를 중심적으로 거론하며 그것을 참고한 적극적인 보건행정이 이루어져야 한다고 주장하기도 했다.

스스로 성공사례를 만들어내고, 그럼으로써 정부가 주도적으로 나서서 자신들의 무거운 짐을 대신 지게 하는 것은 처음부터 청십자조합 임직원들이 염두에 두었던 운영의 중요한 목표 중의 하나였다. 장기려나 채규철 등 청십자조합 운영을 주도하던 이들이 대외적으로 글을 발표하거나 인터뷰를 할 때마다 의도적으로 '인류 최대의 적은 공산주의가 아닌 가난과 질병'이라는 케네디 미국 대통령의 말을 인용하곤 했던 사실은 앞에서도 언급했었다. 그것은 소극적인 의미에서는 의료보험조합 운동이 결코 사회주의적인 것이 아니라는 사실을 항변하기 위한 것이었지만, 적극적인 의미에서는 '총력안보'와 '반공방첩'을 내세우는 정부를 향해 '그렇기 때문에 더더욱 의료복지에 관심을 기울여야한다'며 우회적으로 어필하는 과정이었다고도 해석할 수 있다. 그렇게 그들은 기회가 있을 때마다 정부를 향해 의료보험제도에 직접 나서야 할 필요성을 역설했고, 그런 노력들은 쌓이고 쌓여 결국 모든 국민들이 의료보험제도의 혜택을 받을 수 있도록 만드는 데 기여했던 것이다.

셋째, 좀 더 거시적인 관점에서 볼 때, 청십자조합 운동의 장기적이고 성공적인 운영은 '최소한의 재정 투입만으로도 의료복지의 획기적인 진전을 이루는 것이 가능하다'는 확신을 정부당국자들에게 심어줌으로써 정부가 직접 의료보험제도 운영에 나서게 한 중요한 요인이 되었다는 점이다. 청십자조합은 초반의 7년간 아무런 재정적 지원 없이 오로지 조합원들의 참여와 실무자들의 헌신만을 가지고 독자적으로 생존했으며, 중반 이후의 14년간은 매우 적은 액수의 정부 지원만으로도 조합원의 혜택을 확대하며 성장했다. 그런 청십자조합의 존재는 따로 복잡한 계산과 사전연구를 할 필요도 없이 정부가 투입해야 할 비용과 그것을 통해 얻을 수 있는 성과에 대해 가늠해볼 수 있게 했다. 즉, 의료보험제도가 비용과 실패의 위험부담은 적고 얻어지는 효과가 크다는 점을 가장 빠르고 정확하게 보여준 것이 바로 청십자조합이었다는 뜻이다. 반대로 청십자조합이 재정적자를 극복하지 못하고 도중에 쓰러졌거나, 적자를 줄이기 위해 조합원들의 혜택을 계속 줄여서 큰 효과를 보여주지 못했다면 정부에서도 쉽게 공공 의료보험제도 도입을 결정할 수 없었을 것이다.

특히 세 번째 측면은 '정권 유지를 위해 경제성장과 절차적 민주주의 외의 카드가 필요했던 유신체제'의 필요성과 맞물리는 요소였다. 그리고 그런 점에서 청십자조합이 한국의 의료보험제도 발전에 미친 영향은 광범위하면서도 매우 직접적인 것이었다고 말할 수 있다.

그리고 덧붙여서 한 가지 더 생각해볼 만한 대목이 있다. 정부의 의료복지정책을 조금이나마 더 적극적으로 이끌어갈 수 있게 했던 장기려의 개인적인 인연에 대해서도 기억해둘 필요가 있는 것이다. 앞에서 장관과 국회의원을 지낸, 의사 출신의 정희섭이라는 인물에 대해 언급했었다. 그 정희섭은 해방되기 전 평양의전 학생 시절 평양도립병원장을 지내던 장기려를 먼발치에서 보며 성장했던 사람이었고, 나중에 전쟁 중에 부산에서 육군병원장으로 근무하다가 빈손으로 피난 온 장기려를 만나 일자리와 머물 곳을 제공한 인연이 있었다. 그는 그 뒤로도 장기려가 천막을 치고 무료진료를 시작할 때나 청십자조합을 만들고 운영할 때 종종 찾아와서 어려운 점을 살피고 도움을 주기도 했을 뿐 아니라, 그때 관찰한 것들을 참고해서 정책과 제도를 만드는 데도 힘쓴 사람이었다.

실제로 그는 준장까지 진급해 군의감을 지낸 뒤 5.16 직후에는 박정희 장군에게 발탁돼 1963년에 처음 의료보험법안을 제출한 군사혁명정부의 주무 장관을 지냈다. 그리고 다시 14년 뒤인 1977년에 의료보험법을 개정해서 전 국민의 1/4에게 혜택을 확대할 때도 국회보건사회위원회 법 개정 소위 소속으로 적극적인 역할을 한 장본인이기도 했다. 장관 시절 자신이 직접 만들어서 제출했던 법안에서 삭제되었던 의료보험조합 의무가입 조항을, 14년 만에 국회의원으로 돌아와 다시 되살려내는 데 주도적인 역할을 한 사람이 바로 그였다는 것이다.

한국 의료보험제도의 탄생과 발전에 선구적인 기여를 했던 그에게 미친 장기려의 영향이 어느 정도였는지를 정확히 가늠하기는 어렵다. 혹은 의료보험제도에 관한 신념과 자극으로만 좁혀서 생각했을 때 장기려에게서 정희섭에게로 전달된 것과 정희섭에게서 장기려에게로 전달된 영향 중 어느 것이 크고 중요한 것이었는지도 확실하게 말하기 어렵다. 하지만 한 사람은 정치인으로, 한 사람은 민간조합운동가로 꽤 먼 거리를 두고 자신의 길을 걸었던 평양 출신의 두 의사 정희섭과 장기려가 서로 영향을 주고받으며 한국 의료보험제도의 역사에서 가장 중요한 초석들을 놓았다는 점만큼은 분명히 이야기할 수 있을 것이다.

5. 장기려 리더십

1) 카리스마: 희생을 통한 신뢰

영향력이 큰 정치인이나 연예인들이 '대중을 끌어들이는 매력'을 발산할 때 사람들은 종종 '카리스마가 있다'고 표현한다. 카리스마(charisma)란 '신으로부터 선물받은 초자연적인 특성'을 의미하는 고대 그리스어에서 유래한 말이다. 그래서 왕이 신의 아들이나 대리자, 혹은 신과 인간을 잇는 중간자로 인식되던 시대에 그들이 가진 보통 사람들과 다른 신비한 능력을 가리킬 때 사용되던 말이다. 버나드 바스도 '변혁적 리더'의 네 가지 특징 중 한 가지로 이 카리스마를 들었다. 물론 리더는 신으로부터 내려받은 특별한 계시나 능력을 가져야 한다는 이야기를 하려고 했던 것은 아니다. 다만 그가 말하고자 했던 것은, '변혁적 리더'라고 부를 수 있는 이들 대부분은 유형이든 무형이든 보상을 주거나 약속하지 않고도 추종자들을 끌어들이고 그들로부터 신뢰받을 수 있는 어떤 특별한 개인적인 특성을 가지고 있었다는 점이다.

장기려는 연설을 잘하는 사람이 아닐 뿐 아니라 언변이 뛰어난 사람도 아니었고 자기주장이 강한 사람조차 아니었다. 나라 안에서 가장 뛰어난 의사이긴 했지만 역시 '신비한 능력'이라고 부를 만한 것을 가진 사람은 아니었다. 사실 그는 남들 앞에 나서기를 좋아하는 사람도 아니었다. 그의 주변에 있던 이들이 공통적으로 기억하는 장기려의 모습은 조용하고, 평온하고, 자신의 주장을 잘 드러내지 않고, 반대로 다른 사람들의 말을 잘 귀담아듣는 사람이었다. 우리가 흔히 '카리스마가 강한 사람'을 상상할 때 떠올리는 이미지들과는 정반대 편에 서 있는 종류의 사람이었다. 하지만 그럼에도 불구하고 그는 아무런 보상에 대한 약속 없이 수많은 사람들을 주변으로 불러 모았고, 그들로부터 절대적인 신뢰와 헌신을 이끌어냈다. 그가 가졌던 카리스마란, 어떤 것이었을까?

헌신하는 리더

청십자조합을 설립하고 운영하는 일은 매순간이 모험이었다. 의료보험조합이라는 조직을 만들긴 했지만 캐치프레이즈였던 '건강할 때 이웃 돕고 병났을 때 도움받자'는 정도, 혹은 '평소에 약간씩의 돈을 내도록 하고 아플 때 싼값에 치료받게 하자'는 정도의 아이디어 외에는 아무런 지식도 계획도 계산도 없이 시작한 일이었기 때문이다. 어떤 방법을 제시해줄 사람이 있는 것도 아니었고, 따라갈 만한 모범사례가 있는 것도 아니었다.

물론 이름을 따온 미국의 청십자 플랜이라는 모델이 있긴 했지만, 그나마 조직적인 연계가 있는 것이 아니었다. 미국 쪽의 도움을 받았다거나, 직접 현지답사와 사례연구를 거쳤다거나 한 것도 아니었다. 더구나 조합을 처음 만들 때 일정한 요건을 갖추면 정부 예산에서 지원을 받을 수 있다는 등의 법제도적인 근거가 구체적으로 있는 것도 아니었고 참고로 삼을 만한 선례가 있는 것도 아니었다. 그래서 처음에는 정부나 기업으로부터 받을 수 있는 재정적인 후원도 없었고 초기 자본이 있는 것도 아니었기 때문에 예상하지 못했던 상황이 벌어졌을 때 대처할 만한 여력도 전혀 없었다. 그럼에도 불구하고 이 무모한 프로젝트에 적지 않은 이들이 참여해 모든 시간과 노력을 쏟아붓게 만든 핵심적인 요인은 바로 '장기려에 대한 신뢰'였다.

그렇다면 그렇게 많은 이들이 장기려를 신뢰했던 이유는 무엇일까? 그것은 무엇보다도 장기려가 스스로 보여주었던 '무한한 헌신성'이었을 것이다. 자신이 가진 모든 것을 바쳐서 이웃을 돕는 모습, 그리고 그것을 통해 조금의 돈이나 명예나 권력도 탐하지 않는 모습 앞에서는 그 어떤 의심도 끼어들 여지가 없었을 것이다. 리더가 추종자들에게 신뢰를 잃는 가장 흔한 경우가 바로 '자신만의 이익을 탐하는' 모습을 노출했을 때이기 때문이다.

장기려는 전쟁 중이던 1951년에 임시수도 부산에서 혼자 천막을 치고 무료진료를 시작했다. 그가 남들에게 나눠줄 만한 무언가를 더 가진 사람이어서가 아니었다. 그도 평양에서 맨손으로 군용 지프차에 실려 내려오다가 길가의 사람들 틈에 뒤섞여있던 둘째 아들 하나를 우연히 만나 간신히 챙겨서 데리고 휴전선을 넘어온 터였다. 그래서 그 역시 아수라장이 되어있던 부산에 빈손으로 내던져진 한 사람의 돈없고 힘없는 전쟁 난민에 불과했다. 북쪽에 두고 온 가족들 걱정에 마음은 무너져있었고, 그럼에도 불구하고 평생 처음 발 디딘 낯선 부산 땅에서 어떻게든 발붙일 곳을 만들고 당장 어린 아들을 먹여살릴 걱정에 분주했다. 게다가 그는 '김일성의대 교수'라는 경력 때문에 때때로 간첩으로 의심받아 불려다녀야 하는 불안하고 억울한 처지이기도 했다. 하지만 그는 자신이 가진 유일한 삶의 무기인 의술을, 자신과 아들의 생존이 아니라 돈이 없어 치료받지 못하는 전쟁 부상자와 환자들을 위해 아낌없이 내어주었다.

정희섭을 비롯해서, 당대 우리나라 최고의 외과의사인 장기려를 알아본 몇몇 후배들 덕분에 그는 일자리를 얻을 수도 있었고 전쟁 중에 부산으로 피난을 내려왔던 서울의대의 교수로 임용될 수도 있었다. 하지만 교수가 된 뒤에도 그는 천막병원에서의 무료진료활동을 그만두지 않았다. 그에게 무료진료는 다른 할 일이 없을 때 재능을 선용해서 베푸는 착한 소일거리 정도가 아니었기 때문이다. 애초에 장기려는 '가난한 사람들이 치료받을 수 있게 하는 사람이 되겠다'는 꿈을 품고 의사의 길로 들어섰고, 전쟁 난민 무료진료는 그 꿈에 부합하는 가장 중요한 일이었기 때문이다.

전쟁이 끝나고 한 해 뒤인 1954년에 서울의대가 피난 생활을 마치고 서울의 원래 캠퍼스로 돌아가게 되자 장기려도 따라서 서울로 올라가야하게 됐다. 하지만 그는 끝내 복음병원 진료를 중단하지 않았고, 무려 2년 동안이나 서울과 부산을 오가는 주말 밤기차에서 10시간 넘게 시달리며 쪽잠을 자는 고생을 감수하기도 했다. 이미 50이 가까워진 결코 젊지 않은 나이에 그것이 적지 않은 부담이었음은 쉽게 상상할 수 있다. 하지만 체력의 한계를 느꼈을 때 그가 선택한 것은 복음병원에서의 일을 정리하는 것이 아니었다. 그는 2년 뒤 오히려 세상 사람들이 다 부러워하는 서울의대 교수직을 버리고 부산의대로 자리를 옮겼고, 좀 더 많은 시간을 복음병원의 진찰실에서 보내는 삶을 선택했다.

서울 생활을 접고 부산으로 아주 자리를 옮긴 뒤에는 그나마 약간의 여유를 가질 수 있었다. 하지만 그는 그런 여유를 편한 마음으로 누릴 수 있는 사람이 아니었다. 그리고 전쟁은 끝났지만 전쟁 못지않은 재난이 계속해서 이어졌다. 전쟁의 상처가 채 아물기도 전인 1959년에는 그때까지 한 번도 경험하지 못했던 초대형 태풍이 한반도를 덮쳐 1,000명이 넘는 사람들이 죽거나 실종되는 비극이 벌어졌다. 그때 이미 부패와 무능이 극에 달해 한계점에 이르고 있던 이승만 대통령과 자유당 정부는 피해를 수습하고 치유할 능력을 가지고 있지 못했다. 대통령과 자유당은 이듬해에 있을 대통령선거에 모든 정신이 팔려있었고, 지방의 공무원들도 대통령이 관심을 가지지 않는 일에는 별 신경을 쓰지 않고 있었다. 그리고 정부의 관심 밖으로 밀려나 있던 이재민과 환자들은 그대로 거리에 방치되고 있었다.

그해 연말까지 서울의 피해도 미처 복구되지 못하던 상황이었으니 직접 태풍이 상륙했던 부산을 비롯한 경상도 해안지역의 상황은 더 말할 수 없을 지경이었다. 무너진 집과 건물이 너무 많아 복구할 엄두를 내지도 못했고, 집을 잃고 굶주린 채 비바람을 맞으며 갖가지 질병을 얻게 된 사람들이 곳곳의 빈 건물에 아무렇게나 쓰러져서 죽어가고 있었다. 그때 장기려는 부산의 후배 의사들을 모아 '기독의사회'를 결성했고, 그들과 함께 다시 한 번 무료진료활동을 벌여 많은 생명을 살려내기도 했다.

모두 가질 수 있지만 아무것도 가지지 않은 사람

장기려는 이미 해방 전에 일본의 명문 나고야제국대학에서 의학박사학위를 받은 사람이었다. 의사도 귀했지만 박사는 손가락으로 꼽을 수 있을 만큼 드물던 당시로서는 매우 귀한 인적 자원이었다. 그래서 평양도립병원장으로 활동하다가 해방을 맞은 뒤에는 아무런 정치적 활동을 하지 않았는데도 북한 정권으로부터 '공화국 1호 박사' 칭호를 받고 김일성의과대학 외과교수로 중용되기도 했다. 특히 김일성의 신임이 대단했는데, 맹장염에 걸린 김일성이 수술을 받기 위해 맨 먼저 장기려를 찾았었다는 이야기는 유명하다. 심지어는 1980년대에도 장기려가 외국 여행을 떠날 때 정보기관원이 찾아와서 '북한이 김일성의 혹 제거 수술을 시키기 위해 장기려를 납치하려한다는 첩보가 있다'며 각별히 주의시킨 적이 있었을 정도였다. 그리고 아직 한국의 의학이 독자적인 성과를 내기 어려웠던 1959년에는 사람의 간을 대량으로 절제하고 봉합하는 수술에 처음으로 성공하면서 한국 외과학의 역사에 기념비적인 족적을 남기기도 했던 것이 장기려였다.

즉, 그는 당대 한국 최고의 외과 의사였고 그것에 대해 이의를 제기하는 이는 아무도 없었다. 따라서 그가 원하기만 하면 대학이든 연구소든 정부의 어느 기관이든 그를 모시고 싶어하는 높고 화려한 자리들은 너무나 많았다. 그래서 그가 마음만 먹었다면 엄청난 돈을 모으는 것도, 아주 높은 지위에 올라 막강한 영향력을 가지는 것도, 화려한 명예를 누리는 것도 조금도 어려울 것이 없었다.

하지만 그는 훗날 세상을 떠났을 때 함께 남쪽으로 온 하나뿐인 친아들에게 남겨줄 유산이 단 한 푼도 없었다. 역시 아버지를 따라 의사가 된 아들 장가용도 아버지에게 '너는 대학까지 보내서 가르쳤으니 나머지는 네가 알아서 하라'는 말을 늘 들어왔기에 별로 기대한 것도 없었다. 장기려가 마지막까지 가지고 있던 돈은 천만 원이 전부였는데, 그나마 그 돈도 아들이 아니라 자신을 마지막까지 돌봐준 간병인 아주머니에게 모두 선물로 주고 떠났다. 그는 평생 자신의 이름으로 된 집 한 채도 가지지 않았으며, 그래서 그가 마지막까지 기거했던 곳은 복음병원 옥상에 지은 열 서너 평 남짓한 조그만 사택이었다. 그 사택은 깨끗하고 단정했지만, 엘리베이터와 너무 가까이 붙어있었기 때문에 한밤중에도 엘리베이터가 움직일 때마다 소음과 진동이 생생하게 들리곤 했다. 옥탑방이 다 그렇듯, 여름과 겨울에는 무덥고 추웠던 것도 물론이다. 지금도 고신의료원 옥상에 보존되어있는 그 집은 그가 재물과 얼마나 거리가 먼 삶을 살았는지를 보여주는 한 단면이다.

그렇게 마음만 먹으면 가질 수 있었던 모든 것을 내려놓고 아무것도 가지려 하지 않았던 것이 장기려의 삶이었다. 그리고 그런 모습은 특히 희생과 헌신에 관한 규범을 공유하던 그 시절의 몇몇 청빈한 기독교인들과 특별한 사명감으로 무장하고 있던 젊은 사회운동가들에게 큰 매력으로 느껴졌던 것으로 보인다. 전 청십자병원 간호사로서 오랜 세월 장기려와 동행했던 강명미는 이렇게 회고했다.

"길에서 구걸하는 분들을 보면 무조건 입고 있던 것을 다 벗어 주고 오시니까요. 또 배가 고픈 사람을 만나면 주머니에 있는 걸 다 주고 오던가, 돈이 없으면 집으로 모시고 와서 식사를 대접하셨어요. 그런데 그분들이 밖에서 생활하시고, 잘 씻지를 못하다 보니까 냄새가 심하게 나잖아요. 그래서 저는 '장 박사님이 혹시 냄새를 못 맡으시나?' 하고 생각했었어요. 그런데 박사님이 언젠가 이렇게 말씀하시더라고요. '나도 솔직히 그 냄새는 좀 힘이 들더라'고. 본인도 힘들고 어려운 점이 있지만, 그래도 어려운 분들을 보면 그냥 지나치지 못한다는 게, 그런 사람이 있다는 게 참 신기한 일이지요." (강명미. 복음병원 부설 간호학교 교무과장. 전 청십자병원 간호사)

그런가하면 장기려는 자신의 회고록에 이런 글을 남기기도 했다.

"결혼식 주례를 설 때마다 선물로 받은 것이기는 하지만, 넥타이도 수십 개나 된다. 죄스러운 생각이 들어 나눠주도록 애쓰고는 있지만, 천막병원 시절에는 구호품으로 받은 양복은 있는데 넥타이가 없어서 딱 하나만 있었으면 싶던 때가 있었다. 그 시절에 비하면 지금 나는 너무나 가진 것이 많다." (『장기려 회고록』 중에서)

실제로 장기려는 넥타이를 여러 개 가진 것에도 죄책감을 느끼는 사람이었다. 그리고 그런 모습은 충분한 경제적 보상을 하지 못하는 상황에서도 많은 이들을 동참시킬 수 있었던 중요한 요인이 됐던 것으로 보인다. 무엇이든 더 많이 가질 수 있는 장기려 같은 사람이 아무 보상 없는 일을 혼자 해나가는 모습을 보면서, 조금 더 가지겠다고 발버둥치는 자신의 모습이 부끄럽게 생각됐을 수도 있을 것이다.

　　강명미는 독실한 기독교인이었다. 그리고 교회를 통해 장기려라는 의사에 대한 이야기를 들었고, 간호사인 자신이 조금이라도 도움이 되고 싶다는 생각으로 찾아가 함께 일하기 시작한 사람이었다. 그 뒤 복음병원과 청십자병원에서 간호사로 일했고, 복음간호학교에서는 교무과장으로 힘을 보탰다. 청십자조합을 만들자는 제안을 처음 했던 채규철은 강명미에 대한 특별한 기억을 이야기한 적이 있었다. 복음병원 아동병동의 중환자실에서 끝내 낫지 못하고 세상을 떠나던 아이들이 마지막 고통에 괴로워하다가도 강명미 간호사가 달려와서 안아주면 비로소 편안히 잠들 듯이 눈을 감더라는 기억이었다. 강명미는 그런 사람이었고, 온몸과 마음을 다해 아픈 사람들을 감싸 안으려 애쓴 사람이었다. 그런 강명미가 마지막까지 품었던 환자가 어쩌면 장기려였는지 모른다. 박영훈이 맏아들, 손동길이 막내아들 같은 자리에서 장기려를 모셨다면 강명미는 장기려가 세상을 떠나는 그 날까지 맏딸과 같은 역할을 해준 사람이었다. 그런 강명미의 값없는 헌신을 이끌어낸 것 또한 장기려의 불가사의한 헌신이었다.

명예를 두려워하다

물론 돈보다는 명예를 소중하게 여기는 사람들도 있다. 그리고 보통 사회적 존경을 받는 이들 중에는 그런 이들이 적지 않다. 사실 돈이나 권력보다 명예를 추구하는 삶은 충분히 존경받을 만한 것으로 인정받기도 한다. 하지만 장기려는 그런 이들과도 조금은 다른 점이 있었다.

장기려의 여러 활동이 경제적 보상을 가져다주지 못한 것은 분명했다. 하지만 그 대신 높은 사회적 평판을 얻게 한 것은 사실이었다. 1961년에는 대한의학협회 학술상을 받았고 1979년 8월에는 '아시아의 노벨평화상'이라 불리던 막사이사이상을 수상했으며, 1991년에는 그해에 처음 제정된 호암상 수상자로 선정되었다. 그리고 1992년에는 '자랑스러운 서울대인'에 선정되었고, 그가 세상을 떠난 이듬해인 1996년에는 국민훈장 무궁화장이 수여되었으며, 다시 그 10년 후인 2006년에는 과학기술인 명예의 전당에 헌액되기도 했다. 사실 그밖에도 그가 사양하긴 했지만 그에게 주겠다고 제안했던 상과 호칭과 명예들은 다 셀 수도 없을 정도였다. 그 대부분은 대량 간 절제수술을 비롯한 그의 의학적 성취 외에도 전쟁과 태풍 희생자들을 위한 무료진료활동과 청십자조합 운동에 대한 높은 사회적 평가를 반영하는 것들이었다.

그런 사회적인 인정과 평가는 리더에 대한 구성원들의 존경을 높이기도 하지만, 반대로 '리더의 명예와 사회적 성공을 위해 우리가 이용되고 있는 것이 아닌가' 하는 의구심으로 이어져서 조직 내부의 갈등으로 비화하는 경우도 있다. 지금도 봉사단체나 사회운동조직에서 헌신적으로 활동하는 지도자들을 향해 '선거에 출마하려고 하는 것 아니냐'는 의심의 눈초리가 쏟아지는 것은 흔한 일이다. 하지만 장기려는 자기 자신에 대한 그런 사회적 평판에 대해 극도로 자제하고 경계했다. 그리고 심지어 자신의 명예와 사회적 평판이 높아지는 것을 부담스러워하고 두려워하기까지 했다. 그것은 거의 결벽에 가까운 것이었는데, 심지어는 주변 사람들 중에서도 좀 지나치다고 생각하는 이들이 있을 정도였다.

"예수님은 인생을 살리기 위해 모진 고초와 십자가 형벌까지 받으셨는데, 나는 좋은 것을 먹고 입고 마시고 또 좋은 집에서 살면서 한 일이 아닌가? 희생 없는 삶을 살면서 예수의 사랑을 실천한다고 생각했던 잘못을 이제야 깨닫고 반성하며 회개한다. 게다가 필리핀까지 가서 이 상을 받고 와서 생각해보니 내가 명예욕이 없이 일한 것도 아니라는 것이 증명되었다고 생각되어 크게 부끄럽다."(『장기려 회고록』 중에서)

1960년대의 필리핀은 아시아에서 가장 발전된 나라로 꼽혔고, 그 나라에서 '국부(國父)'로 추앙받는 막사이사이 대통령의 이름을 따서 제정한 막사이사이상은 아시아 최고의 권위를 가지고 있었다. 따라서 장기려가 그 상을 받은 것은 국민적인 경사였고, 그 상을 받은 것을 계기로 장기려를 국민의 영웅처럼 떠받드는 분위기가 생긴 것도 사실이었다. 지금도 장기려라는 이름을 어렴풋이 기억하는 사람들이 반사적으로 떠올리는 단어는 대개 '복음병원'이나 '청십자조합'이 아니라 '막사이사이상'이기도 하다. 그 상을 받고 돌아온 직후부터 장기려에게 수많은 사회단체와 언론사와 기관에서의 초청이 쇄도했다. 어떤 상을 주겠다는 곳, 어떤 자리로 모시겠다는 곳, 인터뷰를 하겠다는 곳이 줄을 이었다.

물론 그것은 청십자조합으로서도 대단한 경사였다. 그 즈음부터 가입 방법을 문의하는 전화가 폭주하기도 했고, 행정기관의 고위공무원들이 갑자기 살뜰한 관심을 보내기도 했다. 그래서 조합 실무자와 주변 사람들 중에는 장기려가 그런 사회의 부름에 적극적으로 부응해서 의료봉사나 청십자조합 같은 일에 더 많은 국민적 관심과 후원을 끌어오는 계기가 되기를 기대하는 이들도 없지 않았다.

하지만 장기려는 그렇게 밀려드는 관심을 오히려 두려워했다. 그것은 많은 사람들 앞에 나서기를 즐기지 않던 내성적인 성격 때문이기도 했지만, 그보다는 자신의 중심이 흐트러

질까 봐 겁이 났기 때문이다. 그는 오히려 그 무렵부터 '회개한다'는 말을 입버릇처럼 달고 살았다. 축하한다는 말, 대단하다는 말을 인사처럼 들을 때마다 얼굴을 붉히며 어쩔 줄을 몰라 했고, 그 자리를 벗어나면 큰 벌이라도 받고 나온 듯이 회개 기도에 열중했다. 그리고 당사자의 기색이 불편한 것을 알게 되면서 주변 사람들도 더는 권하는 말을 할 수 없게 되어버렸다. 그는 그 뒤로부터 대부분의 상을 거부했고, 일방적으로 수상자로 선정되었을 때는 시상식에 참가하기를 거부했다. 대중이 그를 알아본 순간부터 그는 오히려 뒷걸음질 쳤고, 다시 가난한 환자들 사이로 숨어들었다.

하지만 그런 그가 유독 예외로 삼았던 일이 1992년에 모교에서 '자랑스러운 서울대인'으로 선정되었을 때였다. 그때 그는 특별히 기뻐했고, 행사에도 참석하기로 했었다. 다름 아닌 그의 모교에서 인정받았다는 자부심 때문이었고, 부산에서의 의료봉사활동 때문에 모교 교수직을 놓으면서 남았던 미안하고도 서운한 마음이 씻겨 내려간 기쁨 때문이기도 했다. 스승 백인제의 권유를 뿌리치고 평양으로 떠났던 날부터, 그에게 모교는 늘 돌아가고 싶지만 먼저 해야 할 일에 뒤로 밀리는 안타까운 고향 같은 곳이었다.

그런데 공교롭게도 그 행사에 참석하기 위해 서울로 향하는 길에서 뇌졸중이 발병하고 말았다. 그리고 간신히 몸을 추스른 그는 그것을 '헛된 명예에 정신이 팔린 자신에 대한 하나님의 경고'로 해석하며 두려워했다.

"자랑스러운 서울대인에 선정돼서 서울에 올라가시던 길에 뇌
졸중을 만나게 되셨죠. 그래서 한동안 활동이 어려워지셨고요.
그때 또 병문안을 오는 사람들을 만나실 때마다 '헛된 이름을 향
하다가 하나님한테 야단을 맞았다'는 말씀을 하시면서 굉장히
자책을 하셨죠. 그런 모습을 보면서 사람들이 다들 숙연해졌고."
(강명미. 복음병원 부설 간호학교 교무과장. 전 청십자병원 간
호사)

그해의 뇌졸중은 그가 두 번째로 겪는 것이었다. 이미 십
여 년 전에 한 번 쓰러진 적이 있었지만, 그때는 무사히 회복
했고 진료를 하는 데도 별 지장이 없었다. 하지만 이번에는 좀
달랐다. 그의 나이가 이미 80을 넘은 때였고, 또 그럴 만한 정
신적인 충격이 겹쳐 있었기 때문이다.

울 밑에 선 봉선화

1992년 들어 정부와 북한과의 대화가 잘 풀리는가 싶더니 남
북 이산가족 고향방문단 교환 합의라는 성과로까지 이어졌다.
장기려에게는 이미 몇 해 전 미국에 있던 옛 제자 현봉학 박사
의 주선으로 북한의 가족을 만날 기회가 주어진 적이 있었다.

하지만 그때 그는 그 제안을 단호하게 거부했었다. 모든 이산가족들에게 똑같은 기회가 주어진다면 모르지만, 자신에게만 주어지는 특혜를 도저히 받아들일 면목이 없다는 이유에서였다. 하지만 그해는, 물론 모든 이산가족은 아니었지만 대규모 상봉의 첫 물꼬를 트는 자리였다. 그도 그런 뜻을 받아들여 기쁜 마음으로 수락한 터였다. 무려 40년 동안이나 그리워하면서 만나지 못했던 아내와 자식들을 만날 수 있는 기회였다. 그 상봉을 앞두고 장기려가 얼마나 들떠있었는지, 주변 사람들은 이를 생생하게 기억했다.

> "혈색도 좋아지셨고, 식사도 많이 하셨어요. '울 밑에 선 봉선화' 노래를 부르기도 하셨고요. 그 노래를 북한에 계신 사모님이 좋아하셨거든요. 현봉학 선생님 통해서 사모님이 그 노래를 부른 테이프를 전해 받아서 수도 없이 들으시기도 했었고요 … 그런데 그게 무산되고 말았죠." (강명미. 복음병원 부설 간호학교 교무과장. 전 청십자병원 간호사)

현봉학은 함흥 출신의 의사였는데, 전쟁 중에는 미군 10군단장 알몬드 중장의 민사고문으로 일하면서 통역과 한국 사정에 대한 여러 가지 안내를 했다. 그리고 미 10군단이 함경도 흥남에 고립되어 바다를 통해 남쪽으로 철수할 때 알몬드 군단장을 끈질기게 설득해서 10만여 명에 이르는 피난민들을 미군 군함에 태워 구출한 일로 널리 알려진 사람이기도 했다. 그는 세브란스 의학전문학교를 졸업한 뒤 평양 기홀병원에서 수련의로 일하던 시절 그곳의 외과과장으로 있던 장기려와 인연을 맺고 평생의 스승으로 삼겠다고 한 적이 있었다. 그리고 전쟁이 끝난 뒤 다시 미국으로 가서 공부를 마치고 활동하던 중에 부산에서 무료진료를 하는 장기려에 대한 소식을 듣고 찾아와 여러 가지 도움을 준 적도 있었다. 그는 특히 미국 시민권자였고 미국 정부의 고위급 인사들을 잘 알았기 때문에 북한 쪽 소식에도 밝았고, 북쪽에 있던 장기려의 가족들 소식을 전해주거나 북쪽의 가족들을 만날 방법을 주선하느라 애쓰기도 했다. 그 현봉학이 1991년에는 북한으로 가서 보건부장(장관)을 만나 장기려의 사정을 이야기하고 북한을 방문하면 가족들을 만날 수 있도록 해주겠다는 약속까지 받았지만 장기려가 '특혜는 받을 수 없다'며 거부했던 것이다. 그러자 이번에는 직접 장기려의 가족들을 만나서 아내의 음성편지를 담은 카세트테이프를 구해서 전해주었던 것인데, 장기려는 그 테이프가 다 늘어질 때까지 듣고 또 들었다.

가족을 만날 날이 다가오면서 장기려가 고민했던 것은 오직 한 가지였다. '북쪽으로 가서 아내와 가족들을 만난 다음, 다시 헤어져야 할 때 어떻게 해야 하나? 그냥 그 자리에서 하나님이 불러주셨으면. 그냥 그 순간 내 인생이라는 영화가 끝나버리고 여러분 감사합니다, 하고 인사를 올리고 퇴장할 수 있었으면.' 그는 넋두리하듯 그런 이야기를 가까운 사람들에게 자주 하곤 했다.

그런데 '그 순간 죽어도 좋다, 아니 그냥 죽었으면 좋겠다'고 했을 만큼 가슴 설레이며 고대했던 그 상봉이 일순간 무산돼버리고 말았다. 물론 여러 가지 이유가 있었고 남한과 북한 정부 각각의 속셈이 있었지만, 표면적인 핑계가 된 것은 바로 장기려 자신이었다. 북한이 남한 정부를 향해 '장기려는 일시적 방문이 아니라 완전한 송환을 해야 한다'고 주장했고, 남한 정부가 그것을 받아들이지 않자 모든 일정을 취소해버렸던 것이다.

큰 상심과 충격으로 한동안 말을 잃어버렸던 장기려는 오랜만에 자리를 털고 일어나서 '자랑스러운 서울대인' 선정 행사를 계기로 다시 활동을 시작하려고 마음먹고 있었다. 그런데 서울을 향해 막 나서는 길에 갑자기 뇌졸중이 찾아왔고, 그렇게 쓰러진 뒤로 다시는 예전의 건강을 회복하지 못했다. 좌절도 무서운 것이지만 깨진 희망은 더 깊은 수렁이 되곤 하는 것이다.

장기려가 병석에 누워있던 시절, 몇몇 제자들이 장기려의 흉상을 만들려고 한 적이 있었다. 장기려가 끝내 건강을 회복하지 못하고 떠나게 된다면, 그를 중심으로 모였던 이들이 함께 그를 기억하고 추모하기 위한 기념물을 만들어두고 싶었던 것이다. 그래서 하루는 장기려가 입원하고 있던 병실로 흉상을 만드는 전문가를 불러다가 병상에 누운 장기려의 신체 치수를 측정하고 입체 사진을 찍도록 했었다. 그때 영문을 모르고 그들을 맞이했다가 '흉상을 만들려고 한다'는 이야기를 들은 장기려는 내내 일으키지 못했던 몸을 벌떡 일으켜 세우며 이렇게 벼락같이 소리를 질렀다.

"내 흉상을 만드는 자는 지옥에나 떨어져라!"

그 몸놀림이 얼마나 격렬했고 호통이 얼마나 컸던지, 주변에는 장기려 선생이 곧 퇴원을 할지도 모른다는 소문이 돌 정도였다. 물론 그 자리를 끝내 벗어나지 못하고 얼마 뒤 눈을 감았던 것을 생각하면, 그가 자신을 높이고 자신의 이름을 남기는 일에 대해 얼마나 결벽증과도 같은 태도를 가지고 있었는지 미루어 짐작할 수 있다.

그의 주변에서 그와 함께했던 이들은, 장기려라는 사람을 신뢰하고 존경하며 따르게 된 수많은 각자의 에피소드들을 가지고 있다. 이는 장기려가 본질적으로 카리스마가 있는 지도자였으며 그것은 강인한 주장과 호소력이 아닌 희생과 헌신, 그리고 끊임없이 스스로를 경계하고 반성하는 자세에서 비롯된 것이었음을 보여준다.

2) 영감: 동기부여

아무리 강력한 카리스마를 가진 리더라고 해도 그것만을 가지고 오랜 세월 동안 많은 사람들에게 영향을 줄 수는 없다. 사람은 사람에 대한 믿음만으로도 움직일 수는 있지만, 그 사람을 뛰어넘는 목표나 가치에 대한 몰입이 없다면 그 행동이 지속될 수도 없고 최선을 다하기도 어렵다. 그래서 변혁적 리더십의 성패는 구성원들에게 공동의 목표와 가치를 어떻게 제시하고 이해시키며 어떻게 몰입시키느냐에 달려있다고 말할 수 있다.

> "복음병원이나 청십자병원에서 일한다는 건, 대한민국 직장 중에서 가장 적은 돈을 받고 일한다는 걸 의미했으니까, 특히 의사들은 만날 뒤에서 그런 이야기를 하지. 다른 데 가면 얼마를 벌 수 있는데, 여기서는 얼마밖에 못 번다고. 하지만 원장인 장(기려)박사님이 더 적게 받고 더 내놓으니까, 공개적으로는 그런 말을 할 수가 없는 거지."(박영훈. 복음병원 2대 원장)

박영훈은 주변 사람들에게 별명처럼 '장기려의 첫째 아들'이라고 불린 사람이었다. 그만큼 그는 장기려와 오랜 인연을 이어갔고, 내내 그림자처럼 그와 동행했다. 그는 청소년 시절 교회에서 장기려를 만나 의사의 뜻을 품었고 경북의대를 졸업해 의사가 된 뒤 부산의대 대학원으로 옮겨 '장기려 교수'

와 사제의 인연을 맺었으며, 졸업한 뒤에는 복음병원에 들어가 '장기려 원장'을 도와 일했다. 그리고 장기려가 병원을 떠나게 된 뒤 그를 이어 복음병원의 2대 원장 자리에 오르기까지 했던 사람이다. 장기려가 재단과 갈등을 겪으며 떠난 뒤에도 복음병원이 장기려나 청십자조합과 계속 협력적인 관계를 유지할 수 있었던 것 역시 박영훈이 다음 원장 자리를 맡아준 덕분이었다. 그런 박영훈이 했던 말처럼 장기려와 함께 일한다는 것은 '대한민국에서 가장 적은 돈을 받고 일한다는 것'을 의미했다. 그리고 평생 장기려에 대한 신뢰와 동경을 가지고 동행했던 그 역시도 경제적 보상을 포기하는 일은 쉽지 않았다는 고백이기도 했다.

특히 의사들에게는 그것이 더욱 심각한 문제였다. 장기려는 그를 따르는 모든 이들에게 충분한 경제적 보상을 하지 못했지만, 의사처럼 사회적으로 높은 평가를 받는 이들이라고 해서 조금이라도 더 대접해주는 것도 없었기 때문이다. 장기려가 원장 자리에 있던 시절 복음병원의 임금체계가 직종에 관계없이 가족 수에 따라 차등지급하는 방식이었던 것은 그 대표적인 사례이다. 예컨대 자녀가 있는 구급차 기사가 미혼의 의사보다 몇 배나 많은 월급을 받는 식이었다. 그런 괴상한 방식에 반대한 사람이 없었던 가장 큰 이유 중의 하나도 가장 적은 월급을 받은 사람 중의 하나가 바로 원장인 장기려 자신이었다는 점이었다. 장기려는 가족이 아들 하나뿐이었기 때문이다.

하지만 아무리 장기려를 존경하고 그에게 배우고 싶은 것이 많다고 해도 의사에게 그것은 좀처럼 극복하기 어려운 문제였다. 복음병원만 아니라면, 세상 어느 곳을 가든지 남부럽지 않은 높은 소득과 사회적 대우를 받을 수 있는 의사들로서는 너무 많은 것을 포기해야만 택할 수 있는 길이었던 것이다. 이것은 물론 애초에 장기려가 '거래적 리더십'을 통해 조직을 이끈다는 것은 가능하지도 않았던 상황을 반영하는 것이기도 하다. 세상에서 가장 강력한 보상의 수단인 '돈'을 그는 줄 수 없었다.

따라서 장기려는 경제적인 보상 외의 방법으로 조직이나 과업에 대한 몰입을 이끌어내야만 했다. '경제 외적인 보상'이라면 가장 쉽게 떠올릴 수 있는 것이 '보람'이나 '자긍심' 같은 것들이다. 하지만 그것 역시 지속적이고 전업적인 활동에 있어서는 성공적으로 이루어질 확률이 굉장히 낮을 수밖에 없는 것이다.

보람이나 자긍심을 위해 한두 번의 봉사활동에 나서는 것은 어떤 사람들에게는 어렵지 않은 일이고, 더 오랫동안 삶의 일부를 할애하는 것도 조금 더 어렵긴 하지만 불가능하지는 않은 일이다. 그러나 오로지 보람이나 자긍심을 위해 오랜 세월 자신의 시간과 능력의 모두를 바치는 것은 쉽게 상상하기 어려운 일이다. 아마도 번스나 바스 같은 학자들이 연구했던 사례들 속의 변혁적 리더들 중에도 장기려 만큼 형편없는 보상으로 그만큼 무한정의 헌신을 요구했던 경우는 없었을 것이 분명하다.

하지만 그럼에도 불구하고 실제 청십자조합을 비롯해 장기려가 주도했던 여러 활동에서 구성원들의 충성도는 굉장히 높았던 것이 사실이다. 그것은 어떤 점에서든 이해되기 쉽지 않다. 그것은 반대로 장기려가 대단히 강하게 영감을 제공하는 지도자였다는 사실을 반증한다. 그리고 장기려와 함께 일했던 이들이 그 일에 대해 얼마나 강력한 동기부여를 하고 있었는지를 보여주는 대목이기도 하다.

말 없는 설득

앞에서도 언급한 적이 있지만, 청십자조합 결성 후 혜택을 받은 첫 환자는 복음병원 의사와 직원의 자녀들이었고 그 환자들의 치료비로 그때까지 적립된 초기 기금 4만 2천 원이 모두 소진되어버리는 일이 있었다. 그 사건은 조합의 초창기 구성원 대부분이 기억하는 가장 극적인 순간이었다. 그리고 그날 장기려가 복음병원 직원들을 모아놓고 했던 이야기 역시 청십자조합의 성격을 드러내는 전형적인 에피소드로 널리 회자되어 왔다.

"기껏 조합원들을 모으고 가입시켜서 모아놓은 기금이, 그것도 복음병원 의사 치료비로 홀랑 날아가 버렸으니까, 일반 가입자들에게 굉장히 면목없는 일이 일어난 거지요. 청십자조합 재정이 얼마나 부실했고, 또 얼마나 조합비가 낮게 책정됐는지도 보여주는 일이고. 그때 장(기려)박사님이 복음병원 직원들을 다 모아놓고 그러셨다고. 앞으로 조합이 정상적으로 운영될 때까지, 우리 병원 직원들은 회비는 내되 혜택은 사양하기로 하자고. 그게 사실 말이 안 되는 이야기인데, 한 사람도 싫다고 하는 사람이 없었어요."(정기상. 전 복음병원 사무처장)

'조합비는 내되 혜택은 받지 않는' 기괴한 조합원 집단의 존재는 그로부터 5년이 지난 뒤에야 해소될 수 있었다. 달리 말해 가장 많은 의무를 감당하면서 권리에 대한 주장을 포기한, 최소한 수십 명의 조합원들이 무려 5년 동안이나 청십자의료보험조합이라는 부실한 조직을 지탱해나갔던 것이다. 그것은 그때 장기려의 '호소'를 들은 복음병원 직원들이 스스로 '조합원'이 아닌 '조합의 후원자'로 마음의 자리를 옮겼으며, 그에 걸맞게 사고와 행동을 전환했음을 의미한다. 바스가 말하는 영감이란, 바로 이렇게 구성원들이 조직이나 과업과의 관계를 설정하고 그 관계에 대한 동기를 부여하게 하는 리더의 능력을 말한다.

물론 구성원들이 장기려의 생각이나 결정을 무조건 맹신하기만 했던 것은 아니다. 오히려 장기려의 생각과 행동은 종종 구성원들의 상식과 충돌했으며, 크고 작은 갈등을 낳기도 했다. 하지만 그런 경우에 장기려는 목소리를 높이는 사람이 아니었고, 리더로서 자신의 위치를 상기시키며 따를 것을 요구하는 사람도 아니었다. 그는 오히려 늘 미안하다고 말하는 사람이었고, 너의 생각이 옳다고 인정하는 사람이었다. 하지만 많은 경우에 결과는 구성원들이 자신의 상식을 수정하고 장기려의 뜻을 따르는 것으로 나타나곤 했다.

"그러니까 사람들이 가끔 이상하다고 그래요. (장기려) 선생님은 누가 이견을 내면 그것을 부정하거나 반대로 자기 의견을 세우시는 법이 거의 없거든요. 늘 '아, 그렇구나' 하시고, '참 좋은 생각이다, 내가 배웠다' 하시고. 그런데 나중에 가서 보면 결국에는 선생님이 처음에 제시했던 의견대로 다들 가고 있는 거예요. 그러니까 우리가 홀렸다고, 그런 얘기를 하면서 웃고 그랬어요." (강명미. 복음병원 부설 간호학교 교무과장. 전 청십자병원 간호사)

"우리 상식하고 맞지 않는 말씀을 하실 때는 답답했죠. 예를 들자면, 정부 예산으로 복지관을 만들어서 운영할 수 있는 기회가 생길 때가 있어요. 그럼 그런 일은 꼭 우리가 맡아서 해야 하는 거거든요. 그런데 장(기려)박사님은 '그 일은 더 잘할 수 있는 데서 하라고 해' 하시는 거예요. 좋은 일, 편한 일은 우리 아니라도 하려는 사람들이 많이 있고, 또 그 사람들이 더 잘할 수도 있다는 말씀이셨죠. 그러면 처음엔 답답하기도 했지만, 우리만 할수 있는 일에 더 집중하는 것이 좋겠다는 뜻을 이해하게 돼요. 그런 점들을 많은 사람들이 닮아가게 됐죠."(조덕자. 전 부산장애인협회장)

우리만 할 수 있는 일을 하자

장기려, 그리고 그와 함께했던 이들이 공유했던 목표와 가치는 물론 '가난한 사람들도 아플 때는 치료받을 수 있게 하자'는 것이었다. 하지만 그 목표와 가치를 향해 나아가면서도 적당히 자신의 풍족함과 안락함도 조금은 챙기고 싶은, 인지상정과도 같이 결코 비난받을 필요없는 평범한 마음마저 내려놓자고 그는 늘 호소했다.

"'우리가 아니면 저 사람들은 어떻게 하냐?' '우리가 아니면 이런 일은 누가 하냐?' '우리가 하자. 내가 할 테니까 좀 도와주라.' 늘 그런 말씀을 하시는 거죠. 반대로 '이런 일은 우리가 아니라도 할 사람이 있을 것 같다.' '이 일은 저런 사람들이 더 잘할 것 같다.' 그러면 좀 허탈하고 힘이 들어요. 좀 질린달까, 그런 생각이 들 때도 있고요. 하지만 혼자 가만히 생각해보면 그 말씀이 맞는 거죠. 그리고 내가 외면하고 있던 것을 선생님은 바라보시

146

는구나 싶어서 부끄러워지고요. 선생님을 따라갈 수밖에 없게 되는 거죠."(강명미. 복음병원 부설 간호학교 교무과장. 전 청십자병원 간호사)

바스가 변혁적 리더십을 설명하기 위해 '영감(inspiration)'이라는 표현을 선택한 이유가 있을 것이다. 나의 생각에는 아마도 추종자들을 가치에 몰입시키는 일은 '지시'나 '명령'으로 가능한 일도 아니지만 '설득'만으로 이루어질 수 있는 일이 아니기 때문이 아닐까 싶다. 알지 못하는 것을 알려주는 것과 생각하지 못한 것을 생각하게 해주는 것, 그리고 그런 지식과 생각의 차원 너머 또 다른 조망과 상상의 영역이 있음을 몸소 보여주는 실천력. 그런 것들이 충분히 교차하면서 이루어지는 성실한 소통의 결과를 함축하기에는 '영감'이라는 단어가 그나마 가장 적절하기 때문이 아니었을까.

구성원들이 조직과 과업에 관한 명확한 동기부여를 할 수 있게 하는 과정은 자연히 구성원들의 자발성을 고양시키는 과정이기도 하다. 그래서 '영감'은 바스가 설명한 변혁적 리더십의 세 번째 차원인 '지적인 자극'으로 연결된다.

3) 지적인 자극: 함께 배우고 성장하기

리더와 추종자의 관계는 종종 가르치는 자와 배우는 자의 관계로 이해되기도 한다. 추종자들이 리더를 '선생님'이라고 부르는 경우를 종종 볼 수 있는 것도 그 때문이다. 하지만 변혁적 리더들이 공유하는 특성인 '지적인 자극'이란 그것과 조금 다르다. 그것은 구성원을 가르치는 것이 아니라 구성원들이 과업과 조직에 관한 자발성을 가지고 보다 나은 길을 찾기 위해 배우고 탐색하게끔 자극함으로써 과업을 함께 이끌어가는 리더의 자질을 가리킨다. 앞에서 설명했던 '카리스마'가 리더 개인에 대한 몰입을 이끌어내는 능력이고 '영감'이 과업과 조직에 대한 몰입을 이끌어내는 능력이라면, '지적 자극'은 조직과 과업에 관한 자신감과 자존감을 이끌어내는 능력이라고 설명할 수도 있겠다. 따라서 일방적이고 수직적인 관계에서 흔히 관찰되는 '가르침'이나 '지적인 영향'보다는 '같은 문제에 대해 서로 다르게 생각하며 배워갈 수 있는 환경의 조성'이라고 보는 것이 좀 더 가깝다.

보통 카리스마가 강한 리더들의 경우에는 추종자들에게 '리더만 믿고 따라가자'는 태도를 각인시키는 경우가 많다. 그리고 그런 경우에 결과적으로 구성원들의 수동적인 태도가 강해지게 되고 조직의 문화는 점점 경직되게 되는데, 결정적으로 그런 조직은 리더의 퇴진과 함께 혼란에 빠지게 되거나 리더의 일탈이 전체 조직의 일탈로 이어져 큰 사회적 문제를 야기하는 부작용을 낳기도 한다. 하지만 '지적인 자극'이란 반대로 구성원들의 자율성과 창의성을 확장하는 요소이며, 따라서 리더에 대한 지나친 의존에서 비롯되는 여러 부작용을 최소화하거나 극복할 수 있는 리더의 다각적인 자질을 의미하는 것이기도 하다.

사실 청십자조합은 그 시작부터 장기려의 제안이 아니라 구성원의 자발적인 제안에 의한 것이었다. 그리고 그런 제안이 제출되고 토론된 것 역시 리더 장기려가 만들고 이끌던 '부산모임'이라는 이름의 공부모임에서였다. 채규철은 이렇게 회고했다.

"덴마크 유학에서 돌아와서, 함석헌 선생님과 사회운동을 벌이려고 여러 가지 준비를 하고 있었지. 그런데 부산에서 매주 장기려 박사님 중심으로 성경공부를 하는 모임이 있다고 해서 내가 한 번씩 옵저버 자격으로 참석을 했다고. 그 모임이 원래는 부산의대 교수랑 의사들만 모이는 모임이었다가, 월 1회씩 함석헌 선생님을 모시고 공개강연을 하기도 하면서 규모가 커졌지. 그런데 거기서 그냥 성경 읽고 기도만 하는 게 아니고, 어떻게 하면 성경 속의 예수님 말씀처럼 살 수 있을지 의논도 하고, 토론도 하고 했단 말이야. 그러다가 좋은 의견이 나오면 함께 실천할 방법을 찾아보기도 하고 말이야. 그런데 (장기려) 박사님이 늘 돈 없는 사람들 치료를 해주고 싶은데, 혼자서는 힘이 부족하니까, 그런 고민을 많이 이야기를 하셨어. 그런데 어느 날 내가 박사님 말씀을 듣다가 생각이 나서 내 유학 시절 경험을 이야기하면서 '의료보험'이라는 게 있더라는 이야기를 했지. 그랬더니 장(기려)박사님도 북쪽에 계실 때 그 비슷한 걸 경험한 적이 있다고 하시더라고. 그러면서 이야기가 이어졌어. 그리고 그게 바로 청십자의료보험조합 설립으로 이어진 게지."(채규철. 전 청십자조합 전무)

채규철도 전쟁 중에 남쪽으로 내려온 피난민이었다. 함경도 함흥에서 태어난 그는 서울로 내려와서 수의학을 공부했고 풀무학교 교사가 되어 가난한 아이들을 가르치다가 스물여덟 살에 덴마크로 가 2년 동안 그곳의 농촌교육과 협동조합운동에 대해 공부하고 경험한 뒤 돌아왔다. 의료보험조합에 관한 아이디어는 그가 직접 경험한 덴마크의 의료복지 외에도 그곳의 농민들 사이에서 활발하게 벌어지던 협동조합운동을 관찰한 기억이 결합되어 나온 것이었다.

하지만 그는 청십자조합을 설립한 지 얼마 되지 않아 타고 가던 승합차가 전복되는 사고를 당했고, 차에 실려 있던 인화물질에 불이 붙으면서 그만 전신 화상을 입고 말았다. 그때 절망적인 상태의 그를 치료한 것이 장기려였다. 그러나 채규철은 수십 차례의 수술 끝에 죽음과 사지절단의 위기를 넘겼음에도 온몸의 피부와 한쪽 눈과 한쪽 귀의 기능은 끝내 잃어버리고 말았다. 하지만 그는 처지를 비관하거나 좌절하지 않았고 스스로 '이미 타버린 남자'라는 뜻의 '이티(ET)'라는 별

명을 붙여 부르며 청십자조합 활동과 대안교육 활동에 헌신했다. 그래서 그는 자신을 소개할 때마다 늘 '함석헌 선생님이 만들어준 정신과 장기려 선생님이 만들어준 몸으로 사는 사람'이라고 말하곤 했다.

청십자조합 설립에 관한 아이디어가 처음 나온 '부산모임'은 청십자조합의 모태였을 뿐 아니라 장기려가 일을 도모하는 전형적인 방식을 보여주는 공간이었다. 그곳에서 처음 청십자조합을 결성하는 일에 참여하게 되는 의사집단, 기독교인집단, 사회운동가집단이 공존하며 교류했으며 그로부터 다양한 인적, 사상적, 조직적 자원들을 동원할 수 있는 바탕이 됐다. 박영훈과 김서민은 이렇게 말했다.

"나는 이해했지만, 의사들 중에는 좀 불만을 가진 사람들이 있었어요. 함석헌 선생이나 이런 분들은 사실 교회를 부정하니까 기독교인이라고 할 수도 없고, 또 정치적으로도 늘 반정부활동을 하느라고 정부의 감시를 받는 분인데. 왜 저런 분까지 끌어들여서 불필요한 의심을 살 일을 하느냐는 이야기를 하는 경우도 있었어요. 그래서 나나, 이런 사람들이 대신 설명을 하느라고 애를 썼지." (박영훈. 복음병원 2대 원장.)

"함석헌 선생은 무교회주의자시거든요. 그러니까 저 분은 교회를 부정한다, 그래서 결국 저 사람은 기독교인이 아니다, 그러니까 성경공부 모임에 모시는 건 부적절하다, 그런 이야기가 종종 있었지요. 하지만 장(기려) 박사님이 '내가 세 번이나 물어봤다. 그랬더니 함석헌 선생이 직접 하나님을 믿는다고 말했다. 하나님을 믿으면 기독교 신앙이 있는 것이다'라고 애써서 설명을 해주시고 그랬죠. 그래서 뭐 일부 그런 이야기도 있고 하긴 했지만, 또 의사들은 의사들 나름의 생각밖에는 못 하는 거고, 또 교회 분들은 교회 분들 생각밖에 못하는 경우가 있으니까. 여러 종류의 사람들이 모이고 서로 이해해가면서 여러 가지 아이디어도 모이고, 일을 할 수가 있었죠."(김서민. 전 청십자조합 사무국장)

대부분의 사람은 자신이 경험하는 것 속에서만 인식하고 생각하는 경향이 있다. 그래서 '입장을 바꾸어 생각'하는 일은 말처럼 쉽지 않다. 의사는 의사의 관점에서 세상을 보고 기독교인은 기독교인의 관점에서 세상을 본다. 특히 시대의 모순을 주목하고 그것과 씨름하던 사회운동가들의 생각은, 그러한 모순 위에서라도 어떻게든 뿌리를 내리고 일상을 가꾸어가려던 이들과 자주 충돌하기도 했다. 이렇듯 보통은 함께 어우러져서 일하기 쉽지 않은 이질적인 경험세계의 사람들이 장기려 곁에 모여 있었다. 그리고 장기려는 그들 각각으로부터 배우며, 그들을 서로 연결하는 교차로 역할을 하는 사람이었다.

세상을 구원함으로써 자신도 구원받을 수 있다

함석헌은 성경을 중심으로 여러 고전을 연구한 사상가였다. 하지만 책 속에서만 머물지 않고 행동하는 지식인이기도 했다. 식민지 시대에는 독립운동을, 해방된 뒤 북한에 머물 때는 반공운동을 벌였고 남쪽으로 내려온 뒤에는 이승만 정권과 박정희 정권에 맞서 반독재운동을 벌여 노벨평화상 후보에 오르기도 했던 사회운동가였다. 특히 그는 폭력에 맞서 싸울 때도 폭력에 의지하지 말고 평화와 사랑의 힘으로 폭력을 넘어서자고 가르쳤고, 그래서 많은 사람들이 한국의 간디라고 부르기도 했다. 그에게 가르침을 받거나 그의 글을 읽고 영향을 받은 젊은이들이 교육운동과 인권운동, 사회운동에 투신해 많은 기여를 했기 때문에 함석헌은 특히 한국 현대사에 큰 영향을 미친 인물 중 한 사람으로 손꼽히기도 한다. 그는 전쟁 전 평양에서부터 장기려와 깊은 교분을 나누고 있었고, 서로 가는 길은 달랐지만 그중심에 사람에 대한 사랑이 있다는 것을 서로 알고 존중했다. 그리고 두 사람 사이에는 김교신이라는 또 다른 한국 현대사의 중요 인물이 있었다.

장기려는 해방 전에 평양에서 무의촌 봉사활동을 하던 중 난데없이 들이닥친 일본 경찰에게 잡혀가 12일 동안이나 구류를 산 적이 있었다. 그가 『성서조선』이라는 잡지를 구독한 것을 들켰기 때문인데, 그 잡지를 발간하던 사람이 일본 군국주의에 굴종하던 교회들을 비판하며 기독교인들에게 신앙적 순수성을 지킬 것을 주장하던 무교회주의자 김교신이었다. 그가 『성서조선』에서 당시 일본의 군국주의와 식민통치가 하나님의 뜻과 어긋나는 점들을 성경에 근거하여 날카롭게 비판하자 일본 경찰이 나서서 김교신 뿐 아니라 그가 발간하던 잡지를 정기구독하던 사람들까지 모두 잡아들였던 것이다. 그때 장기려처럼 단순히 잡지를 사서 읽기만 했던 사람들은 12일 만에 풀려났지만, 그 잡지에 글을 쓰거나 김교신과 깊이 교류하던 사람들 13명은 재판에 넘겨져서 감옥에 갇히기도 했다. 그중 한 사람이 김교신의 도쿄고등사범학교 동기였던 함석헌이었는데, 당시 그는 서대문형무소에서 꼬박 1년을 복역해야 했다. 훗날 사람들이 흔히 '성서조선 사건'이라고 부르게 된 사건이었다.

장기려는 그 전에 마침 평양에 있던 김교신의 집에 몇 차례 드나들며 인사를 하고 가르침을 받기도 했는데, 그때 그곳에서 만난 사람들 중의 하나가 바로 함석헌이었다. 함석헌이 김교신의 집에서 요한계시록을 강연하는 것을 듣고 감명받은 뒤 그를 스승으로 생각하게 됐고, 훗날 남쪽에서 다시 만나 오래도록 교류하게 된 것이다.

'인간의 존엄성은 하나님이 주신 것이기 때문에 존엄한 인간은 하나님을 제외한 다른 인간 누구에게도 고개를 숙일 필요가 없고, 고개를 숙이게 해서도 안 된다'는 것이 함석헌의 한결같은 믿음이고 가르침이었다. 그런 가르침이 때로는 일본 식민통치기구를, 또한 때로는 이승만 정권이나 박정희 정권의 심기를 거슬렸고 그들은 반대로 함석헌을 과격한 저항가로 왜곡하곤 했다. 장기려는 스스로 '나는 함 선생만큼 뚜렷한 개성이 없어서 머리를 숙이는 것도 아니고 안 숙이는 것도 아닌 인간이다'라고 부끄러워했지만, '세상을 구원함으로써 자신도 구원받을 수 있다'는 또 다른 가르침만은 늘 가슴에 새기고 살았다고 회고했다. 아마도 함석헌에게 세상을 구원하는 방법이 '고개 숙이기를 강요하며 인간의 존엄성을 짓밟는 이들을 향해 고개 숙이지 않고 저항하기'였다면, 장기려에게는 '병들어 죽어가는 이들을 고쳐서 살리는 것'을 의미했다는 조그만 차이는 있었을 테지만 말이다.

함석헌의 많은 제자들이 부산에 내려와 장기려와 함께 일하기도 했던 배경에는 두 사람 사이의 그런 인연이 있었다. 실제로 청십자의료보험조합을 만들고 운영하는 일들을 주로 맡은 것은 함석헌의 제자들인 채규철, 김서민 등의 젊은 사회운동가 그룹이었다. 그들은 누구보다도 가난한 이들을 위해 헌신하겠다는 각오가 남달랐고, 사람을 만나는 일에도 익숙했다. 그것은 장기려의 주변에서 성장한 의사나 간호사들이 흔히 가지지 못한 장점들이기도 했다.

하지만 그들은 대부분 다른 지역 출신이었고, 이전까지는 부산에서 활동을 한 경험이 많지 않았다. 조직적인 배경도 없고 아는 사람도 많지 않다 보니 초기에는 특히 어려움이 많았다. 그래서 청십자조합 창설 초창기에 가입자를 확보하고 후원금을 모으는 일에 결정적인 역할을 한 것은 교회와 기독교인들의 조직망이었다.

북한에서 김일성 정권으로부터 극진한 대접을 받으면서도 수술대 앞에 서면 먼저 기도하기를 멈추지 않았고 주일 예배 출석을 포기하지 않았을 정도로 독실한 기독교 신자였던 장기려는 이미 부산의 기독교인 사회에서도 유명한 인물이었다. 그리고 동시에 장기려는 부산 기독교인들의 자랑이기도 했다. 장기려는 그 어떤 돌파구가 보이지 않을 때마다 기도하는 마음으로 교회를 향해 호소했고, 교회는 그럴 때마다 특별헌금을 모아 후원하곤 했다. 매주 일요일마다 열리는 예배 시간에 부산 지역 각 교회의 목사들은 장기려의 활동을 알려주었고, 많은 기독교인들이 기도와 헌금으로 함께했다. 복음병원을 세워 무료진료를 했을 때나 사라호 태풍 이재민들을 위한 무료진료를 했을 때 기독교 네트워크를 통해 나라 밖 기독교 단체들의 후원을 받을 수 있게 해준 것도 바로 그들이었다. 청십자조합을 시작할 때도 예외는 아니었다. 부산의 여러 교회들이 예배 시간에 장기려가 의료보험조합이라는 것을 설립했다는 소식을 전해주었고, 가입자와 후원자를 모아주었던 것이다.

그렇게 모은 조합원들을 검진하고 치료하는 가장 중요한 일은 당연히 의료인들의 몫이었다. 가장 먼저 장기려가 원장으로 일하던 복음병원 직원들과 교수로 일하던 부산의대의 동료 교수들이 앞장섰고, 사라호 이재민들을 돕기 위해 결성했던 부산기독의사회를 비롯한 부산 지역의 많은 의사 집단이 적극적으로 참여하고 기여한 것은 물론이었다. 가장 오랜 기간 동안 가장 많은 역할을 했던 것은 조합의 지정병원을 자처한 복음병원 의료진과 직원들이었지만, 그들 외에도 적지 않은 의료인들이 시간과 노력을 쪼개어 힘을 보탰다.

사회운동가들과 기독교인들과 의료인들. 보통의 경우 함께 어울릴 일이 별로 없을 것 같은 이질적인 성격의 사람들이 모여 토론하고 협업을 하면서 만들어갔던 것이 바로 청십자의료보험조합이었다. 그리고 그런 일이 가능했던 이유는 그들의 중심에 서 있었던 장기려의 통합적이고 수평적인 리더십에서 찾을 수 있다. 장기려는 자신의 필요에 따라 그들을 부속처럼 활용한 것이 아니었다. 그는 그들을 한데 모아 함께 공부하며 생각을 나눴고, 그들은 서로의 지식과 경험과 입장을 배우며 성장할 수 있었다. 그리고 각자의 좁은 경험세계를 넘어 좀 더 넓은 세상을 향해 열려갈 수 있었다.

각자의 생각을 가지고 만나는 조직

장기려의 그런 차원의 리더십이 좀 더 두드러지는 장면을 우리는 청십자조합이 만들어지기 9년 전인 1959년, '부산기독의사회'를 결성한 과정에서도 확인할 수 있다. 태풍 사라호가 휩쓸고 지나간 그 해 가을의 어느 날, 장기려는 산책을 하다가 우연히 끔찍한 광경을 목격하게 된다. 그가 가르치던 부산의 내 뒤쪽에 있던, 일제 강점기에 마약중독자 수용시설로 사용하다가 버려진 한 낡은 창고에 수백 명의 환자들이 방치된 채 죽어가는 모습을 보게 되었던 것이다. 그는 늘 그랬던 것처럼 자신의 주머니를 털어 되는대로 약을 마련하고 간병인들을 고용해 치료해보려고 했다. 하지만 그것은 이미 혼자 감당할 수 있는 일의 범위를 넘어선다는 것을 알게 되었다.

사라호는 한국 현대사에 가장 큰 피해를 입힌 것으로 기록된 태풍이다. 한국에 상륙하기 직전에 순간최대풍속이 초속 85m에 달했는데, 그 뒤로도 그만큼 강력한 태풍은 한 번도 발생한 적이 없을 정도였다. 사라호는 그런 엄청난 강도의 비바람을 가진 채 한반도 남쪽에 상륙해 부산과 대구 사이를 가로질렀고, 그 일대에 모여 있던 수많은 판잣집과 천막집들을 휩쓸어버렸다. 그때는 일기예보가 제대로 이루어지지도 않았을 뿐 아니라 TV나 라디오의 보급도 거의 이루어지지 않던 시대였다. 그래서 코앞에서 나무가 뽑혀 날아가는 모습을 본 뒤에야 태풍이 다가온 것을 알게 된 사람들이 대부분이었다. 미처 대비를 할 틈도 없이 덮친 재난이었던 것이다.

더구나 그때는 전쟁이 끝난 지 6년이 지났지만 여전히 상처가 회복되지 못한 시기였다. 부산과 경상도 일대로 피난을 내려와서 아무 곳에나 나뭇조각과 천막 따위를 둘러놓고 집을 대신하던 사람들이 여전히 많았다. 조금만 비가 내리고 바람이 불어도 곳곳에서 무너지고 날아가던 부실한 물건들이 초대형 태풍 앞에서 단숨에 쓸려가 버린 것은 당연한 일이었다.

사라호는 나중에 집계된 사망자와 실종자가 1000명을 넘었을 만큼 강력했다. 그리고 그 와중에 집을 잃은 이재민은 집계된 것만 40만 명에 육박했다. 전쟁 중에 부산으로 피난 와서 산등성이 아무 곳에나 판잣집을 짓고 살던 가난한 사람들의 상당수가 집을 잃고 다치거나 병을 얻어 곳곳에 방치되어 있었고, 장기려가 목격한 것은 그들 중의 극히 일부였을 뿐이었다.

장기려는 지체하지 않고 환자들이 모여 있던 창고로 복음병원의 의사와 간호사와 직원들, 그리고 부산의대의 후배 교수와 학생들까지 자신이 아는 의료인들을 차례로 보내서 살피도록 했다. 그리고 다녀온 이들에게 무엇을 느끼고 어떤 생각을 했는지 물었다. 그러자 그곳에 다녀온 이들은 장기려가 먼저 무슨 이야기를 꺼내기도 전에 각자 필요한 것이 무엇이며 자신들은 어떤 일을 하고 싶은지 다양한 의견을 내놓았다. 그러면 장기려는 '그렇군. 좋은 생각이야. 그럼 나도 이런저런 식으로 힘을 보태야겠군' 하며 따라갔다. 그렇게 선한 뜻과 좋은 의견들이 모이는 과정에서 '기독의사회'가 결성되었고, 창고에 버려져있던 대부분의 환자들을 복음병원을 비롯한 부산지역 여러 병원에 나누어 입원시키고 무료로 치료할 수 있었다. 그대로 방치되었다면 목숨을 잃을 수밖에 없었을 수많은 이재민들이 그런 노력을 통해 다시 일어설 수 있었던 것은 물론이다. 박영훈은 그때를 이렇게 회고했다.

> "(장기려) 박사님이 어디어디에 한 번 가서 보고 왔으면 좋겠다고 하시니까, 다들 한 번씩 들러본 거지. 그렇게 가서 보니까 참 비참하고, 또 당장 치료가 필요한 환자들이라는 걸 알 수가 있잖아. 그러니까 다녀온 사람들이 눈물을 흘리기도 하고, 또 다들 '뭔가 조치가 필요합니다.' '이거 우리들만으로는 힘이 부족하니까, 좀 더 많은 사람들에게 알려야겠습니다' 하고 의견들을 낸 거야. 그렇게 더 많은 사람들이 알게 되고 참여하게 되면서 부산기독의사회가 만들어졌고, 또 많은 사람들이 힘을 모아서 사람들을 구할 수 있게 된 거예요."(박영훈. 복음병원 2대 원장)

이렇듯 장기려는 혼자 앞서가는 사람도 아니었고, 왜 옳은 일에 동참하지 않느냐고 추궁하거나 따져묻는 사람도 아니었다. 그는 모든 사람들의 마음속에 선한 의지가 있음을 믿었고, 그것이 드러나면 함께하리라는 기대를 가지고 있었다. 선한 의지가 깨어나면 저마다의 좋은 의견과 능력들이 쏟아질 것이고, 그것을 잘 모으면 무슨 일이든 해낼 수 있다는 것 역시 그는 잘 알고 있었다. 그리고 실제로 그렇게 '더 많은 이들'을 모이게 하고 서로의 의견을 통하게 하자 '의견들'은 곧 '실천방안'이 될 수 있었다.

　조직과 과업의 의미와 중요성을 깨닫는 것, 그리고 그것을 위해 적극적으로 참여하는 것은 서로 조금 다른 이야기일 수도 있다. 과업은 중요하지만 그 안에서 자신이 해야 할 일을 찾지 못하거나, 오히려 무력감을 느끼고 소외되는 경우도 종종 있기 때문이다. 하지만 장기려는 다양한 사람들이 다양한 의견을 제시함으로써 다양한 차원에서 참여할 수 있는 방안을 찾도록 했다. 그리고 그와 함께 일하는 과정에서 누구도 소외되지 않도록 이끌었다. 직종이나 능력이나 다른 어떤 특성에 무관하게 모든 사람을 존중하는 것이야말로 그의 특징이었기에 그는 더욱 적극적인 참여를 이끌어낼 수 있었던 것이다.

4) 개별적인 고려: 모두에 대한 존중

'개별적인 고려'란 조직이나 과업이 아니라 구성원들을 대하는 리더의 태도에 관한 것이다. 그래서 구성원 개개인이 배려받거나 특별한 관심을 받는다고 느끼게 하는 지도자의 자질을 가리킨다. 즉 리더가 구성원들을 자신의 목적을 수행하기 위해 동원한 집단으로 인식하는 것이 아니라, 한 사람 한 사람을 인격으로서 관계 맺으며 소통하는 동반자로 인식하고 존중하는 자세를 가졌는가를 말하는 것이다.

현대사회의 조직이란 기본적으로 기능적인 분화와 위계 구조를 통해 만들어지는 것이며, 그 바탕에 깔려있는 논리는 비인격화다. 조직에 들어간 사람은 개인이 아닌 하나의 기계 부품처럼 움직이며, 서로 개인적인 감정이나 배려를 배제한 합리적 절차에 의해 대하도록 이끌어지는 것이 특징이다. 물론 조직마다 성격이 다르고, 특히 청십자조합처럼 사회봉사조직의 성격이 강한 곳은 관료적 특성이 덜한 것이 일반적이긴 하다. 하지만 어떤 경우든 리더가 구성원들과 개별적으로 인격적인 관계를 가지는 것은 생각보다 쉬운 일이 아니다. 리더는 무엇보다도 공정해야 하기 때문이다. 리더가 분배하는 것이 경제적 보상이 아니라고 해도 '편애'가 구성원들 사이의 분열을 초래하는 경우는 드물지 않다. 따라서 구성원 각자가 리더에 의해 특별한 존중을 받는다고 느낀다는 것은 그만큼 리더가 진정성을 가지고 사려 깊은 접근을 할 때 가능한 것이다.

존중받을 만한 이에게 존중받는 충만감

장기려는 높은 사회적 지위를 보장받는 의사였으며, 특히 남북한 모두에서 인정받은 인사이기도 했다. 보통의 경우 특권의식을 떨치기 어려운 개인적인 배경을 가진 사람이었던 것이다. 하지만 그는 오히려 시대적인 상황에 비추어 극히 예외적일 정도로 수평적인 인식을 가지고 있었고, 또한 만나는 모든 사람에 대한 존중과 배려의 자세를 습성으로 가진 인물이었다. 그렇게 '사회적인 지위가 높은' 지도자로부터 '상대적으로 낮은' 구성원에게로 전달되는 인정과 존중의 태도는 특히 강한 배려와 관심의 느낌으로 수용될 수밖에 없었다. 게다가 자신이 존경하는 이로부터 존중받는 심리적 만족감은 특별한 것이었다. 강명미는 이렇게 구술했다.

"간호학교에서 시험을 치면, 장(기려)박사님은 채점을 하지 않아요. 점수를 매기지 않고, 틀린 부분에 대해서 다 바로잡아서 고쳐주셨지요. 시험지에 빨갛게 가득 써서 돌려주시는데, 틀린 걸 질책하지는 않으시는 거죠. 그렇게 하려면 당연히 시간과 정성이 엄청나게 들어갈 수밖에 없어요. 안 그래도 바쁜 분이 말이에요. 또 언젠가 어느 학생이 교칙을 위반한 적이 있어요. 학생들에게 화장품을 판매하다가 경고를 받았는데, 또 팔다가 걸린 거죠. 그래서 징계를 해야 했는데, 사실 그 학생이 생활이 너무 어려워서 뭔가 조금이라도 돈을 벌어야 했던 거예요. 장(기려) 박사님이 그 학생을 만나서 이야기를 듣고 오셨어요. 그래서 회의 때, 처벌을 하는 것도 학생을 위한 건데 그 학생을 쫓아내는 건 학생을 위한 것이 아니다. 그래서 본인이 잘못을 시인하고 잘못된 행동을 중단하기로 하면, 감당할 수 있는 만큼만 벌을 받고 공부를 계속할 수 있게 하자, 그렇게 교수회의에서 말씀을 하셨죠. 그게 사실 규정에 어긋나는 일이라서 교수들은 곤란해 했지만, 그 덕분에 학생을 잃지 않을 수 있었어요." (강명미. 복음병원 부설 간호학교 교무과장. 전 청십자병원 간호사)

장기려가 선쟁 난빈들을 무료로 치료하기 위해 시작했던 복음병원은 교회와 대학이 속한 재단에 편입되어 종합병원으로 발전했고, 1968년에는 부속 간호학교를 설립하기에 이르렀다. 병원이 성장하면서 점점 더 많은 의료 인력이 필요해졌기 때문이다. 그래서 장기려는 의사뿐만 아니라 간호사들을 키워내는 일에도 직접 힘을 써야 했다. 그런데 한국을 대표하는 의학자가 한 명의 간호학교 학생을 대하는 태도에서도 소홀함은 찾기 어려웠다. 하나의 몸으로 수십 가지 역할을 하면서도 부족한 시간을 쪼개 예비 간호사의 답안지와 씨름했고, 한 명의 학생을 잃지 않기 위해 여러 사람을 만나 머리를 맞댔다. 그것은 지금의 기준으로도 특별하지만, 교수가 학생을 하인처럼 다루고 의사가 간호사를 다른 신분의 사람처럼 대하던 50여 년 전의 그 시대에는 더욱 찾아보기 어려운 일이었다.

"그때는 간호사라든가, 직원들에 대한 인식이 지금하고 많이 달랐죠. 의사들의 특권의식이랄까, 프라이드도 지금과 또 달랐고. 그런데 (장기려) 원장님은 그런 게 없었죠. 요즘 의사들 못지않게 간호사들을 존중하시고, 또 직원들한테도 그러셨어요. 하기야 가난해서 병원비도 못 내는 환자들도 그렇게 떠받드셨으니까 간호사나 직원한테는 어땠겠어요. 그렇게 대우를 해주고 존중을 해주니까, 사람들이 열심을 내지요. '우리 장 박사님을 위해서 내가 이렇게 해야 한다' 하면서요." (정기상. 전 복음병원 사무처장)

환자 가까이에서 그들의 상태를 살피고 의사가 내린 처방대로 조치하는 병원의 전문가들을 '간호사'라는 이름으로 부르기 시작한 것 자체가 그리 오래되지 못한 일이다. 1987년에 개정된 의료법에 '간호사'라는 이름을 명시하기 전까지는 '간호원'이라는 이름으로 통했고, 그 이전 1951년까지는 '간호부'라고 불리던 시기도 있었다. '간호부'가 일종의 일꾼을 가리키고 '간호원'이 보조요원의 느낌을 준다면, '간호사'로 바뀐 뒤에야 전문가로 인정받게 된 차이가 있었다. 하지만 법이 개정된 이후에도 사람들은 한동안 '간호사'라는 이름을 어색하게 생각했고, 1990년대에 들어선 뒤에야 일반적인 이름으로 정착됐다. 그렇게 이름이 바뀌어온 과정과 함께 그들에 대한 사회적인 인식과 대우도 바뀌어갔다. 따라서 '간호원' 또는 '간호부'로 불리던 시대, 즉 의사들이 그들을 단순한 보조원이나 일꾼 정도로 생각하고 함부로 대하던 시대에 장기려의 존중은 더욱 특별한 것일 수밖에 없었다.

장기려가 간호사를 특별히 존중하는 의사가 된 데는 나름의 사연도 있었다. 경성의전을 졸업하고 백인제 교수의 연구실에서 일본인 의사와 간호사들 틈을 오가며 조수로 일하던 시절이었다. 이전부터 늘 장기려를 무시하는 듯한 언행을 일삼던 한 일본인 주임 간호사가 있었는데, 자신이 조선인이라서 무시한다고 생각했던 장기려는 꼬투리를 잡아 혼내주겠다고 벼르고 있었다. 그러다가 한 어린 간호사가 약간의 실례를 하자 따귀를 때리고는 옆에 있던 그 주임 간호사에게 '간호사들 교육을 어떻게 시키기에 의사에게 이런 짓을 하게 하는 거냐'고 호통을 친 일이 있었다. 하지만 흥분한 마음에 자신에게 어울리지도 않는 일을 저질러버린 장기려는 이내 후회하게 됐고, 결국 그 간호사를 찾아가 사과를 하고도 죄책감이 가라앉지 않자 주임교수에게 사표까지 내는 일이 있었다. 교수는 사표를 받지 않았고 그 간호사도 사과를 받으며 그 일은 마무리되었지만, 뜻밖에도 따귀를 맞은 그 어린 간호사가 일주일 뒤에 갑자기 사망해버리는 일이 벌어졌다. 사실 그 간호사는 장티푸스에 걸려 몹시 아픈 상태였고, 장기려에게 실례를 했을 때도 아픔을 참느라 집중을 하지 못했기 때문이었다는 사실을 뒤늦게 알게 되었던 것이다. 장기려는 결국 그 일로 인해 씻어내지 못할 죄책감을 가지게 되었고 그 일을 계기로 '누가 무슨 짓을 하더라도 나쁜 마음을 품지 않겠다'고, 의사로 살아가는 동안 결코 떨어질 수 없는 존재인 간호사를 향해서는 더더욱 조심하고 아끼는 마음을 가지겠노라고 하나님께 약속했다고 회상했다.

그런데 정기상의 말처럼 장기려의 사람에 대한 존중은 함께 일하는 이들에게만 향한 것이 아니었다. 병원비를 내지 못하는 골칫거리 환자들도 그에게는 한 사람 한 사람이 특별했고, 심지어는 아무 상관없이 거리에서 구걸하는 이들을 향해서도 온 마음을 다했다. 특히 옥탑의 관사에 혼자 남아있는 밤이면, 그는 성경을 읽거나 환자들이 보낸 편지를 읽었고 또 일일이 그들에게 답장을 쓰면서 시간을 보냈다.

"편지는 잘 보았습니다. 주 안에서 건강하시다 하오니 감사드립니다. 나도 염려해주시고 기도해주시는 은덕으로 매일 사명을 감당하고 있습니다." (조○○님께)

"세상에는 어려운 사람이 많더군요. 그저께는 어떤 젊은 여성이 이혼을 강요당한다고 호소해왔어요. 사정을 들으니 딱해서 기도할 길밖에 없다고 해서 매일 기도할 뿐입니다. 또 어제는 한 청년이 병으로 신음하면서 치료비가 없어 편지를 보내왔어요. 그래서 내일 청십자로 와보라고 회답을 써 보냈지요. … 기도해주십시오." (서○○님께)

의사 장기려에게 환자는 자신보다 아래에 있거나, 혹은 자신에게 의존하고 있거나, 그래서 조금이라도 쉽게 대해도 되는 사람이 전혀 아니었다. 오히려 그에게 환자는 늘 자신의 모든 힘을 다해서 받들어야 하는 대상이었다. 한 번은 그가 암 환자를 수술하던 중에 급작스럽게 발생한 출혈을 막지 못해 환자가 목숨을 잃는 것을 지켜본 적이 있었다. 한참을 자책하던 그는 가까운 파출소로 찾아가서 '사람을 죽였다'고 자수를 했는데, 조사를 하던 경찰이 '의사 면허를 가진 사람이 수술을 하다가 환자가 죽게 한 것을 처벌할 수는 없다'고 타일러서 돌려보낸 적이 있을 정도였다.

그런 장기려가 제자들에게 늘 강조했던 이야기가 있다.

"병이라는 것의 70% 이상은 환자 몸의 기전으로 자연히 낫는다. 의사란 병의 원인과 증상을 올바르게 이끌기만 하면 되는 것이다. 그런데 환자들은 병이 나으면 의사가 고쳐주었다고 생각한다."(『장기려 회고록』중에서)

장기려가 수술을 시작할 때마다 무엇보다 먼저 기도를 했던 것도 그래서 그로서는 당연한 일이었다. 그 몸의 기전을 주관하는 것은 하나님이라고 생각했기 때문이다. 말하자면 의사로서 자신은 자연스러운 치료의 과정을 가로막는 장애물 몇 개를 치우는 역할을 할 뿐이라고 생각했기에 '고쳐주었다'는 감사인사를 들을 때마다 과분하다고 느꼈던 것이고, 행여 그 부분적인 역할을 잘못해서 생명이나 건강을 그르쳤을 때는 모두 자신의 잘못이라고 생각하고 자책했던 것이다. 그러니 자신의 손을 거친 환자들이 보내오는 편지들은 그 자신에게 큰 보람을 안겨주는 매개물이기도 했지만, 그냥 받고 말 수는 도 저히 없는 과분한 영광이기도 했다. 그리고 동시에 그것은 조 금 더 잘 치료하지 못한 이들에 대한 일말의 자책감을 떠올리 게 하기도 했다. 그런 까닭에 매번 돌려준 답장에는 그러한 감 사와 겸손과 기도의 마음이 배어들 수밖에 없었다.

원장에게 보낸 감사편지가 꼬박꼬박 답장으로 돌아오고, 그 안에 자신이 고민하는 일과 그것을 위해 함께 기도해달라 는 부탁이 담겨있는 것을 읽었을 때, 가난한 환자의 마음은 어 땠을까? 누군가를 존중한다는 것은 단지 친절하게 대하는 것 만을 뜻하는 것은 아니다. 그것은 위와 아래, 베푸는 자와 베 풂을 받는 자의 거리가 없는, 함께 눈 맞추고 이야기하며 마음 을 나누는 사람으로 여기는 것을 가리키는 말이다. 고신의료 원 옥탑관사에 아직 남아있는 장기려의 편지들 속에는 그런 소박하고 진실한 존중의 느낌들이 가득하다. 그러니 매일 눈 빛을 나누고 말을 섞는 이들의 느낌은 어떤 것이었을까. 그들 에게 있어 특별히 존중받는다는 느낌은 장기려에 대한 높은 존경으로 이어졌고, 동시에 조직과 과업에 대한 높은 충성도 로 이어졌다.

"의사 분들 중에도 그런 분 많이 계셨죠. 다른 분들도 그랬지만, 특히 강현진 선생님(청십자병원 외과의. 전 성결병원장) 같은 경우에는, 제가 아는 것만 해도 여러 번, 좋은 곳에서 훌륭한 대우를 하면서 모시려고 했어요. 정말 실력 있다고 인정받는 의사였으니까. 하지만 강 선생님이 늘 '장기려 박사님이 살아계시는 동안은 내가 여기를 떠날 수 없다'고 하셨지요." (강명미. 복음병원 부설 간호학교 교무과장. 전 청십자병원 간호사)

몇 배 많은 월급과 더 좋은 환경을 마다하며 '장기려 박사님이 계시는 동안은 떠날 수 없다'고 말하는 의사. 그것을 '의리'라고 표현하는 사람들도 있을 것이고 혹은 '사명감'이라고 읽는 이들도 있을 것이다. 그도 아니면 '팔자'나 '운명'이라는 단어를 먼저 떠올릴 수도 있을 것이다. 그중 무엇이든 혹은 그 무엇도 아니든, 그것은 사람이 쉽게 거부할 수 없는 느낌일 것이라는 생각을 해볼 수 있다. 그냥 한 번 눈 딱 감고 더 풍족하고 편안한 곳으로 가려고 마음먹어도, 차마 그렇게 될 수 없게 만드는 어떤 기운이 느껴지기도 한다.

『사기』 열전에 춘추전국시대 위나라의 장군 오기(吳起)에 관한 이야기가 나온다. 전쟁터에 나간 아들의 등창 고름을 오기 장군이 입으로 빨아서 치료해주었다는 이야기를 전해들은 어느 병사의 어머니가 통곡을 했다는 것이다. 한 해 전에 남편도 등창이 났을 때 오기 장군이 입으로 고름을 빨아내서 치료해주었는데, 결국 그 남편이 오기 장군을 위해 목숨을 아까워하지 않고 싸우다가 죽었다는 것이었다. 그러니 아들

도 곧 저 장군을 위해 죽음을 무릅쓸 것이 분명하니 언제 죽을
지 몰라서 울었다는 이야기다. 보상 없는 일에 헌신하기 어려
운 것도 사람이지만, 마음을 다해 대하는 이를 물리치기 어려
운 것도 사람이다. 사람에게 진심으로 존중받는 느낌은 그토
록 강하게 한 사람의 마음을 붙잡는 것이기에 말이다.

"간호학교 시절에, 장(기려) 박사님이 졸업생들이 일하는 곳을
일일이 찾아가서 이제 안 보는 책들을 좀 기증해달라고 부탁하
시곤 했어요. 지금 간호학교 재학생들이 공부를 해야 하는데 책
이 부족하다고. 그럼 졸업생들이 '아이고, 선생님, 그냥 전화만
돌려도 다들 책을 보내줄 텐데 왜 이렇게 직접 오셨어요' 하잖아
요. 그러면 박사님이 '아니다. 부탁하는 사람이 찾아오는 게 맞
다'고 하시면서 정말 공손하게 부탁을 하시는 거예요. 그러면
다들 책을 내놓고. 그러면 또 '고맙다, 고맙다' 하시고. 그러니까
졸업생들이 또 각자 할 수 있는 일이 뭐가 있나 또 찾아보게 되
고 그러는 거지요." (강명미. 복음병원 부설 간호학교 교무과장.
전 청십자병원 간호사)

1968년에 문을 연 간호학교는 11년 뒤인 1979년에 간호
전문대학으로 인가를 받았고, 다시 9년 뒤인 1988년에는 4년
제 간호학과로 승격되었다. 하지만 처음 시작할 때는 정말이
지 아무것도 갖춘 것이 없었다. 신학대학 안에 사무실 하나와

교실 하나를 둔 것이 전부였다. 교장인 장기려가 옛날 여러 의과대학에서 가르쳤던 제자들에게 부탁해서 강의를 열었고, 개교 후 한동안은 강명미가 교무과장이자 기숙사 사감, 학생생활상담소장의 역할을 혼자 감당하는 유일한 교직원으로서 버텨나가는 형편이었다.

사정이 그렇다 보니 개교 첫해에 서울에서 간호학교에 입학하기 위해 부산까지 내려왔던 한 학생은 학교의 모습을 보고는 기가 막혀서 그냥 돌아가려고 했을 정도였다. 그때 '간호사에게 중요한 것은 건물이 아니라 마음이 아니겠느냐'고 만류하는 장기려 교장을 뿌리치지 못하고 주저앉았던 그 학생을 포함하여 첫해 입학생은 모두 30명이었다. 그 학생들을 위해 장기려는 후배 의사들을 찾아다니며 의학책들을 모았고, 그것이 간호학교 도서관의 출발이 되기도 했다. 그렇게 장기려가 얻어온 책들을 읽으며 간호사로 성장한 이들이, 졸업을 하고 일을 하던 중 다시 책을 얻기 위해 찾아온 옛 스승을 마주하게 되곤 했던 것이다.

학생 시절 썼던 낡은 교과서를 얻기 위해 직접 찾아와 공손히 부탁하는 노학자를 마주한 간호사의 마음을 한 번 상상해보자. 그것은 놀라움이나 당황스러움, 혹은 황망함이나 황송함을 넘어 삶을 통째로 흔드는 강력한 진동이었을지 모른다. 그런 압도적인 존중 앞에서 무례할 수 있는 사람도, 무관심할 수 있는 사람도 아마 있기 어려울 것이다.

장기려가 실제로 청십자조합과 복음병원, 청십자병원, 고신의료원과 간호학교 등에서 함께한 구성원들 개개인의 성취와 성장 욕구에 대해 얼마나 자세히 알고 있었는지, 또한 얼마나 세심하게 신경을 썼는지 분명히 알 수는 없다. 하지만 구성원들 중 많은 이들이 '아주 특별한 관심과 배려를 받았다'고 느꼈다는 점만은 많은 이들의 이야기를 통해 확인할 수 있다. 이로써 장기려가 변혁적 리더십의 네 번째 차원에도 정확히 부합하는 인물이었다는 점 역시 그런 맥락에서 확인된다고 볼 수 있다.

6. 생각대로 살지 않으면

간접적으로나마 청십자조합 결성에 힘을 보탰던 함석헌 선생
이야기를 잠깐 해보자. 그분은 청십자조합을 이끌어가는 일에
직접 참여하지는 않았지만 청십자조합이 탄생하는 모태가 됐
던 부산모임에 여러 제자들과 함께 참여했었다. 그래서 그 제
자들 중 많은 이들이 청십자조합의 가장 헌신적인 실무자로
활약했던 것은 앞에서도 설명했던 것과 같다. 함석헌 선생에
게 청십자의료보험조합의 가입자 번호 1번이 주어졌던 것 역
시 그런 간접적인 기여를 기억하고 감사하기 위한 것이었다고
할 수 있다. 그런 함석헌 선생에 대해, '나는 장기려 선생님이
만든 몸과 함석헌 선생님이 만든 정신으로 살았다'고 말하던
채규철 선생이 들려준 이야기 한 토막이다.

"어느 날 조선일보에 이런 기사가 실렸어. '삼남매 독살'이라는
제목이야. 엄마는 도망가고 아버지 혼자서 두 딸을 키우던 집이

있었는데, 그 아버지가 이미 숟가락 젓가락까지 다 팔아먹고, 결국에는 하나 남은 움막마저 팔아먹고 다음 날이면 길바닥으로 나가야 했던 밤이었어. 그날 밤에 그 아버지가 애들에게 독을 바른 식빵을 먹이고 자기도 자살했다는 이야기였어. 그런데 그 기사 한쪽에 움막에서 발견된 애 일기장 사진이 실려 있었는데, 거기 이렇게 씌어있는 거야. '아빠가 오늘도 식빵 사왔네. 엄마는 왜 안 오나, 보고 싶네. 아가가 자꾸만 울어서'라고. 애가 일기를 쓰는 동안, 아버지는 식빵에 독을 바른 거지."

채규철이 말한 그 날은 1964년 1월 16일이었다. 그 날의 조선일보에 그가 말한 기사와 사진이 정확히 실려 있다.

"그날, 함석헌 선생님이 그 기사를 읽으시고는 머리를 빡빡 밀었어. 남쪽으로 내려오신 뒤로 한 번도 깎지 않으셨던 머린데, 그걸 빡빡 밀고는 가슴을 쥐어뜯으며 우시더라고. 그러고는, 조선일보에다가 '삼천만 국민에게 보내는 글'이라는 걸 쓰셨다고. '우리 죽어도 같이 죽고, 살아도 같이 살자. 더 이상 이렇게 소리 없이 죽어가는 사람들을 남의 일이라고 모른 체하지도 말고, 더 이상 혼자만 잘살아보겠다고 숨지 말고, 같이 살자고 말이지. 사람들이 다들 그날 기사를 읽으면서 세상에 제 자식 죽이는 부모가 어디 있냐고 침을 퉤퉤 뱉었거든. 그런데 선생님은 그게 아니라, 그건 우리가 죽인 거라고 하신 거지. 우리 모두가…"

끔찍한 비극 앞에서 비정한 아버지를 욕하며 침을 뱉은 사람들, 그리고 그 아이들의 죽음과 그 아버지의 비정한 행동을 슬퍼하고 자책하며 자신의 머리를 깎고 가슴을 쥐어뜯은 한 노인. 함석헌 선생이 많은 사람들과 달랐던 점은 바로 거기에 있지 않았을까 싶다.

그러나 '제발 같이 살자'는 그의 호소에 답했던 사람이 많지는 않았던 것 같다. 그는 한국의 간디라 불렸지만 간디처럼 많은 군중의 환호를 받지도 못했고, 나라 밖으로 널리 이름을 알리지도 못했다. 그가 세상을 향해 외쳤던 소리는 대부분 박정희 정권의 정보기관에 의해 삭제되었고, 그가 거리로 나섰을 때는 경찰에 의해 둘러싸이거나 감옥에 갇혀 버리곤 했다. 하지만 그와 함께 가슴을 뜯으며 눈물 흘렸던 몇몇 청년들이 곳곳의 가장 낮은 곳으로 스며들었고, 그중 몇 사람은 부산으로 가서 청십자의료보험조합을 만들었다. 그리고 기어이 같이 살자는 그들의 조용한 집념이 오늘의 의료보험제도를 만들었고, 오늘의 가난한 아버지와 아이들을 지켜주고 있다.

십수 년 전 장기려 선생에 관한 책을 냈을 때, 그 책을 읽고 눈물을 흘렸다는 사람들을 몇 번 만난 적이 있다. 그들 중 가장 많은 사람들이 짚었던 '눈물 나는 대목'이 두 곳이었는데, 하나는 맏아들 택용이 밟았던 흙이라도 만져보고 싶었던 선생이 동베를린을 방문해 그 땅을 밟고 눈물짓던 장면이었고, 다른 하나는 선생이 평생 다시 만나지 못한 북쪽 땅 아내의 편지를 받고 눈물 흘리던 장면이었다.

그런데 이 글을 쓰던 중 나 혼자 눈물지었던 대목은 따로 있었다. 간호사 강명미 선생님이 들려준 이야기들 가운데, 장기려 선생이 걸인을 초대해 식사를 대접하시곤 하는 걸 보면서 '혹시 선생님은 냄새를 못 맡으시나' 싶었는데 나중에 선생님도 '사실은 나도 그 냄새는 좀 힘이 들더라'고 말씀하시더라는 대목이었다. 써놓고 보면 별것 아닌 이야기인데, 그것을 듣고 떠올리며 글로 쓰면서는 왜 그렇게 눈물이 났을까. 그가 정말 나와는 아예 종류가 다른 천사나 성자가 아니라는 사실이, 그래서 나와 똑같이 싫은 것은 싫고 역겨운 것은 역겨운 줄 아는 사람이었다는 사실이 훅, 하고 내 마음을 찔러와서가 아니었을까. 그도 하나 특별할 것 없는 사람인데도, 다들 외면하기에 나도 외면하고 사는 일을 그는 유독 똑바로 바라보며 걸어갔다는 사실이 견딜 수 없이 내 마음 한 곳을 찔러와서가 아니었을까.

"생각대로 살지 않으면, 사는 대로 생각하게 된다."

함석헌의 눈물과 장기려의 웃음 위로 프랑스의 시인 폴 발레리가 했다는 그 말 한 마디가 겹쳐 떠올라 다시 가슴을 먹먹하게 한다. '같이 살자'는 마음과 '돈이 없는 사람도 치료받

게 하자'는 꿈은, 마음과 꿈으로야 가진 사람이 드물지 않을
줄은 알고 있었다. 하지만 그것을 행동으로 옮기고 현실로 만
들기 위해 삶을 다 바쳐 발버둥치는 사람이 설마 실제로 있으
리라고는 상상하지 못하고 있었던 모양이다. 그래서 '먹고는
살아야지'와 '나부터 살고 나서'를 중얼거리며 '사는 대로 생
각'했던 나의 삶이 부끄러워 견디기가 어려워지는 것이다.

그러니 그런 부끄러움을 말과 글로나 접하는 것이 나의
게으른 자아로서는 얼마나 다행인가 싶기도 하다. 같은 장소
와 같은 시간에 그들의 삶을 대면하며 곁에 있던 이들로서는,
도저히 함께하지 않고는 견딜 수 없는 자극이고 맑은 거울이
었을 테니 말이다.

그러고 보면, 청십자조합과 복음병원, 청십자병원, 또 그
밖의 다른 많은 곳에서 아무런 보상 없이 그들과 동행했던 많
은 분들의 헌신을 조금은 이해할 수 있을 것도 같다. 그들도
그러지 않고는 괴로워 어쩔 수 없었으리라는 마음을 말이다.
그래서 그들이 앞장서서 나선 길에, '조금만 도와주겠니?'하
고 찾아와 겸손하게 내미는 손을 차마 물리칠 수 없었으리라
는 것을 말이다.

장기려 선생이 남긴 유언은 한 가지였다. "화장해서 바다
에 뿌려다오." 하지만 아들과 제자들은 끝내 그 유언을 따르지
못했다. 그래서 선생은 지금 경기도 마석의 모란공원 묘지에 모
셔졌다. 묘비에는 채규철 선생이 쓴 문구가 이렇게 새겨졌다.

'모든 것을 가난한 이웃에게 베풀고, 자기를 위해서는 아무 것도 남겨놓지 않은 선량한 부산 시민, 의사, 크리스천. 이곳 모란 공원에 잠들다.'

'내 흉상을 만드는 자는 지옥에 떨어질 것'이라던 선생의 외침도 결국 제자들은 따르지 못했다. 돌아가신 얼마 뒤 고신 의료원 건물 앞과 '장기려 기념 간 연구소' 앞 복도에 장기려 선생의 얼굴을 새긴 부조 동판이 세워졌고, 2012년에는 부산 대 의학전문대학원 앞에 선생의 호를 따서 조성된 정원 '성산 원'에 선생의 흉상이 세워졌다.

자신의 이름으로 기억되기를 원하지 않았던 선생의 뜻을, 제자들은 마지막 순간에 따르지 못했다. 그래서 여전히 선생의 곁에서 함께 일했던 많은 이들은 그 무덤과 흉상을 편한 마음으로 바라보지 못한다. 나중에 선생을 만나는 곳에서 그분의 얼굴을 어떻게 바로 볼 수 있겠느냐며 안타까워하기도 한다. 하지만 오늘의 세상에도 여전히 장기려는 필요하며, 이미 가고 없는 선생의 얼굴 모양이라도 빌어다가 그 뜻을 알리고 싶은 제자들의 마음도 그냥 꾸짖기만 할 수는 없는 일이라는 생각이 든다. 그래서 어쩌면 내가 썼고 또 쓰고 있는 선생에 관한 이 두 권의 책 역시 다른 모양의 흉상이 아닐까 싶고, 그런 점에서 나중에 혹시 뵙게 될 장기려 선생께 사죄를 드려야 할 일이겠다는 생각을 한다. 죄송함을 무릅쓰고, 선생의 삶을 빌어 세상을 향해 한 번 더 속삭여본다. 여러분, 우리 함께 삽시다.

참고한 책과 글들

• 동아일보, 조선일보.
• 한국은행,『연간지표』
• OECD,『OECD Health Statistics 2019』
• 『의료보험법』
• 의료보험연합회,『의료보험의 발자취』, 1997.
• 고신의료원,『고신의료원 50년』, 2001.
• 청십자의료보험조합,『청십자통감』, 1989.

• Bass,B.M. (1998), *Transformational leadership: Industrial, military, and educational impact*. Mahwah, NJ:Erlbaum.
• Bass,B.M.&Avolio,B.J.(1994), *Improving organizational effectiveness through transformational leadership*. Thousand Oaks, CA: Sage Publications.
• Burns,J.M. (1978) *Leadership*. New York. Harper & Row

• 김은식,『장기려, 우리 곁에 살다 간 성자』, 봄나무. 2006.
• 성산장기려기념사업회,『선생이 함께하신 발자취-성산자료집 Ⅱ-』, 2001.
• 장기려,『장기려회고록』, 규장. 1985
• 제임스 맥그리거 번스 (조중빈 옮김),『역사를 바꾸는 리더

십』, 지식의 날개. 2008.
• 채규철, "한국 민간의료보험에 관한 고찰", 『공중보건잡지』.
제 11권 제 2호. 1974.
• 채규철, "청십자운동의 이념과 현황", 『기독교사상』, 대한기
독교서회. 1970.

인터뷰 (2005년)
• 강명미(전 청십자병원 간호사, 전 동의대 간호과장)
• 김서민(전 청십자조합 사무국장)
• 손동길(전 복음병원 마취기사, 전 양산 삼성병원 이사장)
• 박영훈(전 복음병원 2대 원장)
• 정기상(전 복음병원 사무처장)
• 조덕자(전 부산장애인협회장)
• 채규철(전 청십자조합 전무, 전 두밀리자연학교 교장)

장기려 리더십

1판 1쇄 발행 2020년 9월 10일

지은이 김은식
펴낸곳 도서출판 나무야
펴낸이 송주호
편집 강선정
북 디자인 정재완
종이 신승지류유통(주)
인쇄 제본 상지사P&B
주소 (03424) 서울시 은평구 서오릉로27길 3, 4층
등록 제307-2012-29호(2012년 3월 21일)
전화 02-2038-0021
팩스 02-6969-5425
전자우편 namuyaa_sjh@naver.com

ⓒ 김은식
ISBN 979-11-88717-17-0 03330

• 이 책 내용의 전부 또는 일부를 재사용하려면 반드시
저작권자와 도서출판 나무야 양측의 동의를 얻어야 합니다.
• 책값은 뒤표지에 표시되어 있습니다.